プロフェッショナルサービスマン

世界に通じる「汗と涙のホスピタリティ」

野地秩嘉

プレジデント社

はじめに

海外へ出かけた時、スーパーマーケットで買い物をした経験のある人は多いのではないか。私自身、海外で何度も利用したことがある。南米は行ったことがないけれど、アメリカ、ヨーロッパ、アジア、オセアニア、アフリカのさまざまな国を訪れ、現地のスーパーやコンビニで買い物をした。

その国にいる間は大して気にはならないのだが、海外のスーパーで買い物をした後、レジ係から「Thank you」と言われたことはただの一度もない。「メルシー」も「ダンケシェン」も「謝謝」も「テレマカシー」も「コップンカー」も「アサンテ」（スワヒリ語）もない。

日本以外の国では、庶民が利用するスーパーやコンビニのレジ係は客に対して、微笑を浮かべることはあっても、まず「ありがとう」とは言わない。無言で無愛想で、「Ｎｅｘｔ（さあ、次の人）」と突き放したように怒鳴る。

対して日本の小売店、金融機関、公共交通機関、役所の窓口の対応は親切である。「ありがとうございます」があふれかえっている。スーパーで三九八円の弁当を一個、買っただけでも、レジ係は姿勢を伸ばし、「ありがとうございます。またお越しください」と言ってくれる。そんな国はない。

つまり、日本の接客サービスは諸外国に比べて突出していると言っていい。だから、来日した海外の人たちは感激する。私は一度、あるフランス人と開店直後の日本橋三越本店へ出かけていったことがあるが、彼はフロアすべての店員がかしずくように頭を下げる姿を見て、素っ頓狂な声を出した。

「おい、ほんとにここはデパートなのか。どうして、みんなオレたちに最敬礼するのか？　私たちは神なのだろうか？」

海外の人たちにとって、日本式サービスは信じられないほど優雅であり、かつ、心地よくかつ、多少のとまどいとともに受け入れられている。

そして、海外でも「メイド・イン・ジャパン」サービスは少しずつ浸透している。たとえば、オペラ座の近くにあるユニクロのパリ店がそうだ。そこは世界中の同チェーンでも売り上げ規模は有数で、つねに千客万来である。そこでは、商品自体の魅力もさることながら、「客を待たせない」日本式サービスがパリの人人を引きつけているのだ。その店には一〇台ほどのレジがあるのだが、買い物した客が二、三人、並び始めると、どこからか従業員が駆けつけてきて、空いているレジを開け、「ムッシュー、さあ、こちらへどうぞ」と案内する。

「そんなこと当たり前じゃないか」と思っている人は海外のZARAやH&MやGAPへ行ってみるといい。大衆商品を扱う店ではユニクロ・パリ店のように客が並んだからといって機敏にレジを開けたりしない。目の前で客が行列を作っていても、他の従業員がレジを開けることはない。従業員同士でおしゃべりしたり、ネイルの具合を確かめていることはあっても、自分の仕事以外のことはやろうとしない。

ユニクロの店が欧米やアジアで売り上げを伸ばしているのは商品と一緒に日本的なきめ細かい接客サービスを現地に移殖しているからだ。そして、ユニクロだけに限らない。海外で成功している小売りや飲食のチェーンではメイド・イン・ジャパンのサービスを現地化しているところが多いのである。

いま、家電メーカーをはじめとして、「モノづくり日本」を標榜する企業が海外で苦戦している。韓国、中国メーカーの低価格攻勢に押されて、シェアを落としている。私はその状態を打開していくのはユニクロのように、商品に日本式サービスという付加価値を付けて販売することだと思っている。商品自体を真似して品質を上げるのは大して難しいことではない。だが、Tシャツ一枚を買った客に対して、深々と頭を下げて「ありがとうございます」と言わせるには多額の社員教育費と膨大な時間がかかる。つまり、日本が世界マーケットで戦っていくには「モノがいい」だけではなく、「サービスがいい」ことを武器にするべきなのだ。

もっとも、日本式サービスが群を抜いているのはあくまで大衆商品の販売分野だと思われる。超高級ホテル、超高級ブランド店のサービスを比べると、私は日本よりも欧米の方が勝っていると感じる。日本の超高級店で働く日本人サービスマンは金持ちの客に対して「いまに見ていろ。オレだって金持ちになってやる」という態度が垣間見られるが、海外の超高級店の店員はそんな様子は見せない。彼らは金さえもらえればいいと割り切って頭を下げ、これ以上ないほど大げさな微笑を浮かべてサービスする。彼の地では金さえ払えば誰でも、すばらしいサービスを受けることができる。

話は少しそれたけれど、日本には金を払っても払わなくともサービスに命を懸けている人たちがいる。本書に出てくる人たちはいずれも心から客に尽くすことが好きだ。彼らは報酬はきちんともらっているけれど、それとは別にサービスの極意を追求しようとしている。だから、私は彼らのことをプロフェッショナルサービスマンと呼びたい。そして、ここにいる人たちのサービスは誰でも平等に受けられる。本書を読めば彼らのサービスを真似することもできる。サービスに関する限り、日本は世界一だ。

目次

「セレブが通うディスカウンター」を作った社長……47

「お客さんの信用を裏切ったことは一度もないと思っています。
賞味期限がぎりぎりの品物が店舗に残っているのは発注の失敗です。
自分の失敗をお客さんに転嫁してはいけない。裏切りは信用をなくす」

「仕事が途切れたことない」えんとつ解体業者……81

「煙突の上にのぼるのに、そりゃワザはいるよ。
でも、揺れる煙突の上に平然と立っていられるのはオレがバカだから。
バカじゃなきゃ二五〇メーターの空の上で、
揺れながら働くなんてできんよ」

保育園業界トップクラスに躍り出た「革命児」の哲学……111
「こんな身体でなければ、子どもにつらい思いをさせたりはしなかった。
私がいけなかったんだ」
「身体が震えました。保育は命を懸けなきゃいけないんだ。
私は甘かった。腹が据わっていなかった」

「デパ地下のとんかつ娘の気迫……139
「『ありがとうございます』と言いながら、頭を下げ、また腹の底から
『まいせんでーす』と絶叫した。
不況は終わらないが、デパ地下の女王は
いまよりもなお不景気になっても生き延びるに違いない」

「稼働率100％」ビジネスホテル支配人夫婦のもてなし……171
「僕は逃げません。泊まりたい人を泊めるのがホテルやないですか。
遅く着いても、酔っ払いでも、言葉遣いが乱暴でも、お客さん。
自分が嫌だからと逃げていたら、売り上げなんか上がりません」

「餅つき」だけで大繁盛旅館をつくった主人……201
「『さあ、天と地が合体します』とエロチックに、
いつもと同じことをしゃべった。
避難している人々に胸が締め付けられたが、顔には出さなかった。
餅つきに来たのだから、へたな同情をしてはいけないと自分に言い聞かせた」

おわりに……228

プロフェッショナル
サービスマン・
チェックリスト

「ベンツ日本一セールス」河野敬に学ぶ

□プロは自分がしゃべるのではなく、お客から教えてもらう
□プロはたとえ小さい約束でも絶対に守る
□プロはお客の私生活に立ち入らない
□プロはお客の言葉だけでなく、表情を察知する
□プロはお客に対して「この人嫌だな」と思わない
□プロは自分を甘やかさない

□プロは負けず嫌いの精神を持つ

「セレブが通うディスカウンター社長」飯田勧に学ぶ

□プロは銭単位まで商品価格を表示する
□プロは「高品質、お買い得」を順守する
□プロは薄利多売で売り上げを伸ばす
□プロはお客に牛乳の日付を確認させない
□プロは見切り商品の特売は絶対にしない
□プロはささやかな安心をお客に与えられる

「えんとつ解体業者」野波繁幸に学ぶ

□プロは誰もやりたがらない仕事を引き受ける
□プロは仕事の報酬をシビアに要求できる

□プロは不景気で仕事がないとは考えない
□プロは「まさか」の瞬間でも冷静に仕事ができる
□プロは弱者にはやさしい気持ちになれる

「保育園業界の革命児」小林照男に学ぶ

□プロは母親に旦那の浮気の相談をされる
□プロは子どものために陶器の食器を使う
□プロはマンネリにならない新鮮なサービスを心がける
□プロは三つのエプロンを使い分ける
□プロは本質的に必要なことだけをやる

「とんかつトップ販売」山崎明希子に学ぶ

□プロは売れなかった商品の記録をつける

□プロは天気の話をしながら用件の確認をする
□プロは過去のデータを見ながらロス率を下げられる
□プロは自発的にお客の荷物を持てる
□プロはテクニックよりも気迫で売る

「稼働率一〇〇%ホテル支配人」西尾夫妻に学ぶ

□プロは「一瞬のサービス」を大切にする
□プロは自分でベッドに寝転んで部屋をチェックする
□プロはクレームを「お客からの面接試験」と思う
□プロは嫌なお客から逃げない
□プロは「準備」に万全を期す

「餅つき繁盛旅館」の主人・須藤清市に学ぶ

□プロは自ら「ついてついて、つきまくる」
□プロは体力とバスガイド並みの話術を持つ
□プロはシルク・ドゥ・ソレイユ並みのショーを演出できる
□プロは汗をかいて、客を微笑ませる
□プロはつねにOne and Onlyを考える

第一章

「飛び込み営業」でベンツを日本一売る男

「飛び込み営業」でベンツを日本一売る男

世の中で飛び込み営業ほど嫌われている仕事はない。

まず第一に、客から嫌だと言われている。次のコメントは飛び込み営業に対するごく一般的な感想だ。

「はっきり言って飛び込み営業はうんざりするほど来ます。まともに相手にする気にはなれません」

「訪問販売のイメージって、ものすごく悪いでしょう。いいことしか言わない。嘘ばかりの説明、強引でしつこい、断ったら豹変して暴言を吐かれたり……」

「私は飛び込みセールスの人の話はほとんど聞きません。たとえ、自宅にいても居留守使います」

ネットでちょっと検索しただけでも、こうした客からの声がいくつも出てくる。客は飛び込み営業の人間はブラックな商売をしていると確信しているようだ。

さて、次に、嫌っているのは営業マンに飛び込み営業を命じている直属の上司だろう。上司の本音を何人かに尋ねたところ、次のような声が返ってきた。

「飛び込みは効率悪いんだよ。だけど、上が新人研修には飛び込みが必要だって、うるさく言ってくるから仕方なくやらせてる」

「内気な新人はいくら尻を叩いても売れんよ。怒ったって売れることはない。それに、あんまり詰めると『やめます』って辞表を持ってくるからな。新人をやめさせたら、こっちの評価が下がるし……。実のところは飛び込みはあんまりやらせたくないんだ」

上司としては商品が売れないのも困るし、新人にやめられるのも放っておけない。一般の会社にとってはコストがかかる割に結果が出にくい営業方法なのである。

最後に、飛び込み営業をもっとも嫌っているのはやらされている本人たちだ。本音は次の通り。

「このクソ暑いのにまた飛び込みかよ。あのバカじじい(課長)がてめえでやりゃあいいんだよ。なのに、ったく。ふざけんじゃねーぞ。おおう、やめたやめた。せっかく入ったけど、やめ。試験受けて、公務員になる。とにかくオレは飛び込みなんかやらない会社に転職する」

つまり、飛び込み営業に関わる関係者全員がこの営業方法を嫌っている。そして、なおも、飛び込み営業に対する世の中の圧力は高まりつつある。

行政が訪問販売、飛び込み営業に対する規制をすすめた結果、「訪問販売お断りステッカー」が多数の都道府県で登場するようになったのである。ステッカーを見たセールスマンは貼ってある家を再度、訪問してはいけないことになっている。まるで、ドラキュラの侵入を防ぐ十字架のようなものだ。

こういった状況下だから、訪問販売で利益を上げられる商品は限られてくる。もはやブラックな商品は無理だ。通報されて警察がやってくるか、たとえ、売りつけたとしても正義感あふれる弁護士が支払った金を取り返そうとして登場してくる。訪問販売で売るためには商品が信頼されていなくてはならないし、なおかつ、ある程度以上の価格の商品であることが必要だ。

ただし、ロールスロイスやフェラーリほどの超高額商品となってしまうと、買う層が限られるから、いくらドアを叩いても、なかなか客に出会うことはできない。かといって、コンビニで売っている日用品が飛ぶように売れたとしても、販売コストは回収できない。自動車、化粧品セットといった適当に高額な商品であることが前提で、しかも、行っている会社が営業マンへの教育として飛び込み営業を認めていなくてはならない。

こうしたところが昨今の飛び込み営業を取り巻く環境と言える。

さて、本題はここからだ。これほど飛び込み営業が逆風下にあるにもかかわらず、ヤナセ世田谷支店の副店長、河野敬《たかし》はその価値を認め、部下には「飛び込み営業を忘れるな」と指導している。

「いまはうちの会社もあまり飛び込みを重視していません。ショールームを充実させて、来店したお客さんを取り込んでいこうと考えています。セールスマン個人の力よりも、会社の販促戦略、広告、宣伝などで人を集めて売ろうと考えています。しかし、それだけでは私は足りないと思う。

ショールームに来たお客さんをひっつかまえて売るのがうまいセールスマンはいます。ひとつの能力です。ただ、若い頃からそういった売り方ばかりをしていると、慣れてしまうんですよ。外を回らないで、店のなかで口を開けて待ってるようなやり方では、セールスマンに大切な『攻撃して売る力』がつかない。セールスってのはそんな甘っちょろいもんじゃない。私は待ってるだけのセールスがあんまり好きじゃないんだ」

河野敬、四七歳。ベンツ、アウディ、ＢＭＷ、フォルクスワーゲン、キャデラック等を扱っている輸入車販売のヤナセで、これまでに、もっとも多くのベンツを売った男である。

セールスの最前線にいた一九年の間に彼は一五三〇台のメルセデス・ベンツを売った。

一般に国産車セールスマンで超一流と呼ばれるには年間に一〇〇台以上を販売しなくて

はならない。輸入車を扱うヤナセの場合は商品価格が高いから、年間六〇台以上を売れば一流セールスマンだ。ところが、河野はコンスタントに一〇〇台を売り、一九九九年には一四一台を達成した。平均単価を七五〇万円とすると、その年、彼はひとりで一〇億円以上を売り上げたことになる。

二〇〇六年に管理職になってからは現場から離れたが、売れないセールスマンの後押しをしたり、現役だった頃の顧客の買い替えを世話したりして、支店の販売成績を底上げしている。

ベンツの営業マンというと、それなりにスカッとして、値段の高いイタリア製スーツを着こなした、歯の真っ白な男と、私は想像してしまう。だが、「こんにちは」と私の前に現れた彼は茫洋とした雰囲気のおじさんだった。身体がごついのはアメリカンフットボールをやっていたせいで、無口なのは体育会系だったからだという。面と向かっても笑顔ひとつ見せるわけではない。どちらかといえば無愛想な部類に入る。しかし、それでも彼は輸入車セールスの世界では神の領域に達した男なのだ。

「現役時代、顧客は四百数十人いました。顔も名前もはっきりと覚えています。どういった車種で、何色の車を売ったかも忘れていません。いまでも私は部下が売った車種や買った人のプロフィールはだいたい把握しています。一度、聞いただけで自然に覚えてしまう性格なんです。

ほら、試合に勝つプロゴルファーはコースで打ったボールをすべて覚えているというでしょう。あれと同じようなものです。優秀なセールスマンなら誰でも、自分が売った時のシーンを忘れるはずがありません。覚えてなきゃダメです。私がいちばん忘れられないのは飛び込みで売った車です。思えば入社して初めて売った一台も飛び込みでした」

ちなみに、彼がコンスタントに一〇〇台を売るようになってから、そのうち、どのくらいが飛び込みだったのかというデータが残っている。入社して一〇年目、一〇〇台のうち、新車への買い替えが四〇台、客からの紹介が同じく四〇台だった。残りの二〇台は飛び込み営業とショールームに来た客への販売である。つまり、一〇〇台のうち、一〇台程度が飛び込み営業で売ったものとなる。この数字には意味がある。スターセールスマンとなってからでも、彼は黙々と町を歩き、知らない家の呼び鈴を押していたのである。数字も立派だが、いくつになっても飛び込みを続けていたことに、彼の律儀な性格が表れている。

効率とは怠け者の言い訳である

河野は一九六五年、福岡市生まれ。高校時代は野球部でレギュラーの左翼手。甲子園には行けなかったが、地区大会の準決勝まで進出した。専修大学に進んでからはアメリカンフットボール部に所属した。「グリーンマシーン」というチームの要、クォーターバックとして活躍したのである。

「勉強よりもクラブ中心の学生生活でした。勉強は普通の人より、ちょっと下という感じですかね」

アメリカンフットボールの場合、プロ選手になるという道はない。ただし、当時は三菱銀行、住友銀行といった金融機関、レナウン、オンワードといったアパレル企業が社会人リーグを結成しており、大学リーグで名を挙げた河野ならば、はっきり言えばどこでも入ることはできた。だが、彼は競技生活を引退し、ヤナセに入ることにした。

「大学四年の夏に背骨を折ったんです。一か月くらい、寝たきりに近い生活で、それで復帰したとたんにまた後ろからチャージされて、脊椎に強烈な痛みが走った。こりゃたまらんと思いましたよ。一生を考えたら、もうアメリカンフットボールはできないな、と。それで一般の会社に就職することにしました。

ヤナセに入ったのは営業をやりたかったからです。ニッサンとかトヨタの国産車でなく、ベンツを売ってみたかった。なんといっても、僕らの時代、高級車と言えばベンツだったからです」

一九八七年、彼はヤナセに入社した。四月、五月は車の車体や電気系統、構造を勉強したり、メカニックとして整備の研修を受けた。そして、六月、いよいよセールスマン見習いとしての生活が始まった。

「配属は府中支店でした。僕のテリトリーは京王線の聖蹟桜ヶ丘駅の南にある高級住宅地、多摩市桜ヶ丘一丁目から四丁目が中心の一帯だった。確か四〇〇〇世帯以上はあったと思います。

当時、輸入車にはまだ物品税が課せられていたからベンツの価格は安くなかった。トヨタのコロナと同じくらいの排気量の車種でも値段はクラウンよりも高く、七五〇万円はしました。それでも都心には多く走ってましたけれど、多摩市ではあまり見かけなかったです」

新人セールスマン河野が命ぜられた仕事は、飛び込み営業だった。名刺とパンフレットを頼りにたったひとりで、次から次へと呼び鈴を押して歩く日々だった。

「毎朝、九時ピッタリに府中支店を出て、電車に乗って聖蹟桜ヶ丘へ行きました。そこからバスに乗り、テリトリーに着く。上司から一日に一〇〇軒から一五〇軒は回れと言われていたので、その通り素直にベルを押して、こんにちは、ヤナセから来ましたと挨拶していました」

飛び込み営業は次のようにやる。まず、ベルを押す前に服装と髪型のチェックが要る。そして、スーツを整え、ネクタイを締め直し、姿勢を正して玄関の前に立つ。

ピンポーン。

深呼吸をして待つ。しかし……。

反応はない。もう一度、押す。ピンポーン。ふたたび深呼吸。しかし、反応はない。呼び鈴を押した家には誰もいないか、もしくは居留守を使っている。ベルを鳴らすのは三度まで。それで出てこなかったら、郵便受けに名刺を入れて、隣の家へ。そして、また、ピンポーンである。

何軒歩いても、なかなか人と話をする段階にまで至らない。飛び込み営業とは話術が必要な営業方法ではなく、へこたれることなく歩くことだ。それが飛び込み営業の現実なのである。

ベンツの客となるべき戸主は会社にいるから、家のなかにいるはずがない。では、主婦が留守を守っているかといえば、必ずしもそうとは限らない。パートで働いているかもしれないし、友人と買い物へ出かけていることもある。河野が一〇〇軒回るつもりで支店を出ても、家から人が出てくるのは二〇軒か三〇軒に一軒しかない。そして、誰かが出てきたからといって、セールスの話ができることは稀なのである。お年寄り、中学生、小学生が「なんか用ですか」と顔をのぞかせたら、こういう者ですと名刺を置いて退散するしかない。

つまり、飛び込み営業に必要なのは話すことではなく、忍耐力、我慢、辛抱といったもので、「ベンツの排気量がこれこれこうで、エンジンはこんな具合です」という説明能力は二の次なのだ。

それでも河野は気を落とすことなく、そして、貧乏そうな家だからと訪問をやめることはなく、次々とベルを押して歩いた。そして、インターホンから声が聞こえてきたら、マイクに口を近づけて、話をした。

「『ヤナセの河野です。このたび、新人で配属になりまして、このあたりを担当させていただくことになりました。もし、よろしければご挨拶だけでもさせていただきたいんですが……』

　まあ、そんな感じのことを言うわけですね。ただし、セールストークを話すことができるのは稀です。たいていは、『結構よ、名刺入れといて』でおしまい。こちらが食い下がって、ぜひ、出てきていただいて、直接、お渡ししたいんですと言っても、『アナタ、名刺入れといてって言ったでしょ』と断られる。しつこいと思われない程度に粘るんですが、そこが難しいです。

　飛び込み営業はやっているうちにだんだん感情が鈍くなってくる。考えることといったら、このままじゃ絶対に売れないなということだけ。僕は始めてから二か月くらいは一台も売れなかった。営業トークもぜんぜん上達しません。ただ歩き回っただけで、時には水をかけられたり、モノを投げつけられたこともあった。このままでいいのかと思って、公園のベンチに座り込む時間が長くなった。

　だって、毎日が面白くもなんともないんですよ。毎日、同じことを言って、同じように断られて……。それでも、雨が降ろうが、槍が降ろうが、とにかく電車に乗って、毎朝、桜ヶ丘一丁目に向かうわけです」

　結果の出ないまま、足取りも重く支店に戻ってくると、「鬼」と呼ばれたマエダ係長が待っていた。

「河野、どうだった？　今日の日報を出せ」

それで、素直に日報を書いて、係長の机の前に持っていくと、「おう、河野。ここにある桜ヶ丘一丁目の小林さんはどんな人だ」と尋ねられる。答えに言いよどんだりしようものなら、「お前、嘘を書いたな」と追及されるのである。

マエダ係長は部下が報告書をでっち上げたかどうかを厳しくチェックしたが、新人がベンツを売ってこなかったからといって怒ることはしなかった。売れるに越したことはないが、新人にはそこまで期待していなかったのである。飛び込み営業の厳しさは上司としてよくわかっていたから、結果追及よりも、セールスマンをきたえる教育の一環と思っていた。

当時もいまもヤナセでは、新人には飛び込み営業をさせる。その際、上司や先輩は次のような鉄則を叩き込み、加えて標語を覚えさせる。ベンツやＢＭＷを売っているわけだから、一見、スマートな社風のように感じられるが、ヤナセは泥臭い営業を信奉する会社なのである。

上司、先輩は「テリトリーに着いたら、軒並みベルを鳴らせ」と鉄則を語る。

「なぜ、軒並み訪問なのか。お前が家の構えを見て、あそこは買わないだろうと判断すれば、飛ばしてしまう。隣もダメだと思えば二軒飛ばす。そのうちに一〇軒の家を飛ばし、しまいには一〇〇軒を飛ばすようになる。

いいか、買う買わないを決めるのはお前じゃないんだ。お客さんが決めるんだ。ダメと決めつけることをせず、とにかく軒並み、回る癖をつけること」

そして、営業に出かける前の新人にはふたつの飛び込み営業の真髄を唱えさせて、くぎを刺す。

「効率とは怠け者の言い訳」

「帰ろうと思う前にもう一軒」

新入社員だった河野もふたつの言葉をぶつぶつとつぶやきながら、ベルを押しては、「結構です」と追い返され、「河野と申します」と挨拶しては「だから、どうかしたの」と鼻であしらわれた。それが、六月、七月と続いた。社会人になって初めて買ったスーツは汗にまみれ、ネクタイからは塩がふいた。昼食の後はなかなか営業に回る気になれず、喫茶店で時間をつぶす金もなく、公園のベンチで横になるようになった。しかし、それでも、最低、一〇〇軒は歩いて回ると決めたから、毎日、ベルを押した。けれども、まったく売れなかった。売れる気配すらなかった。

なぜ、「飛び込み」にこだわったのか？

七月も終わろうという、ある日のことだった。府中支店に、ある人から「河野さんいますか」と電話が入ったのである。かけてきたのは桜ヶ丘で工務店を営む社長だった。営業先にいた河野が知ったのは、公衆電話から支店に連絡した時である。携帯電話のない時代だったから、客は営業マン本人ではなく、支店に連絡をしてきたのだった。

「伝言は『カタログを持ってきて』でした。嬉しかった。二か月間、歩き回ってやっと反応があったわけですから。次の日、工務店にカタログを持っていって、少し営業トークをしました。何を言ったかはよく覚えていません。『車を見てみたい』とのことでしたから、先輩と一緒にお客さんが欲しがっていたのと同じ型のベンツに乗って訪問しました。私はもう何も言えなかった。全部、先輩がしゃべってくれました。そうしたら、買うっていうんです。注文が取れたんです。その夜、先輩から飲みに行こうと誘われたけれど、うちに帰ったと思います。出かけた記憶はないから。

翌日の朝礼で支店長が新人の河野くんが飛び込みで一台売りましたと発表してくれたのはよく覚えています。嬉しかった。会社のなかでも、飛び込みで売った車は特別なことと受け止められていたんです」

一台を売ってから、彼は人が変わったようになった。やる気が出て精力的に回るようになり、結局、入社した年、河野は三五台のベンツを売ることができた。そのうち、一〇台は飛び込みである。ただし、自信がついてからは多少、売り方を変えた。軒並み訪問も続けていたが、売れそうな感触を覚えた家には何度も出かけていった。主がいなくとも名刺を置き、パンフレットを置いてきた。自分で売り方を考えられるようになったのだから、セールスマンにとって、最初の一台を売ることがいかに大きなことかわかる。

「家の構えを見ただけでは、買ってくれるかどうかなんてわからない。ただし、駐車場に車が止まっていれば、それはいい情報です。どんな車に乗っているかがわかれば売り方を考えることができる。私たちが回るのは昼間ですから、基本的には奥さんしかいないわけです。名刺を置いてきて、反応を待つのが仕事ですね。結局、飽きることなく継続して名刺を置いてくるしかない。

よくセールスマンは外見が大事と言います。それは正しい。しかし、夏に飛び込み営業をやっていたら、誰だってひどい格好になる。靴は擦り切れていましたし、ズボンは生地がつるつるになっていた。汗だくで歩いているわけだから……。

どうして、そこまでやるのかって？

どうしてかなあ。少なくとも金のためじゃない。僕は金じゃなかったです。何なんでしょうね。やらざるを得ないと思っちゃったんですよ。だって、いまでこそ成果主義になってますから、売れば収入が増えますが、あの頃は一台売っても歩合は一万円でした。値引きしたら七〇〇〇円になっちゃう。だから、お金欲しさじゃないんです。名誉とか出世もどうでもよかった。ひとつのことをやり出したら、やめられないからやっただけ。売れるセールスマンはみんなそうですよ。金のことを考えたら効率の追求になる。そうしたら飛び込みはやらないです。僕は売れたのは嬉しかったけれど、売れた祝いでどんちゃん騒ぎをしたことは一度もないんです」

河野は「金が目的じゃない」と語った。しかし、この場合、彼が言っているのは「もらっている給料に見合わないくらいのエネルギーを使った」という意味だろう。金が欲しくないのではなく、給料に見合った働きをしていただけでは、とても営業で成績を残すことはできない。確かに、彼は飛び込みをした。毎日、どんなことがあっても、一〇〇軒のベルを押すまでは事務所へ戻らなかった。

そして、営業成績は伸びていった。入社してから数年を経ずして一〇〇台を売るセールスマンとなり、合わせて顧客も増えていった。顧客が増えればセールスマンは楽だ。車検の度に車を買い替える人が多いから、黙っていても、年に一〇台や二〇台は売れてしまう。さらに、顧客が知人を紹介してくれるから、その分も見込める。そのうえに展示会に来た客をつかまえれば、何台かが売れていく。

だが、そういった順風が吹くようになってからも、彼は知らない家を訪ねることをやめようとは思わなかった。展示会で声をかけられた客との商談に際しても、「駐車場を見ないといけませんから」と理由をつけて、必ず客の自宅まで出かけていった。客から電話があればすぐに飛んでいったから、顧客のなかには彼のオフィスを見たこともない人が大勢いる。

さて、飛び込み営業についてである。セールス、販売職はサービス業だ。普通、サービス業のプロフェッショナルが持っている技術とはコミュニケーション能力と洞察力である。相手のことを知り、相手が望んでいることを行う。相手の話を聞き、聞いたなかからニーズを探る。料理人でも、靴磨きでも、ホテルのフロントでも、とんかつサンドの販売員でも、相手の意図をくみ取ることができなくては仕事にならない。ところが、飛び込み営業は相手の話を聞くために想像を絶する努力をする。いつか必ず実を結ぶという信念を強固に持たなければやっていられない。

ライバルは同業者ではなく自分自身である。もっとも孤独に強い人間だけが売ることができる。サービス業ではあるけれど、サービスのプロフェッショナルが持つ得意技を封じられ、それでもなお成績を残さなければならない仕事なのである。重ねて言うようだけれど、話術が達者だから売れるわけではない。客は一瞬でセールスマンを見抜く。外見も大切だし、中身ももちろん重要だ。信念、意気込みが身体から立ち上り、たとえ汗で顔は汚れていても、不潔な印象ではいけない。軽薄な雰囲気ではうちのなかに入れてもらえない。飛び込み営業に長けた人間になるのは決してやさしくはない。

売れる営業七つの教訓

河野が副店長を務める世田谷支店は用賀駅に近い環状八号線沿いにある。日ごろ、彼は二六人の部下に次のような指導をしている。

セールスの基本を座学で教え、部下が理解した顔になったら、具体的な戦術を語る。まずは基本である。重きを置くのは、受け身ではなく、攻撃的に売れということだ。

「少しでも客の近くへ出かけていけ」が彼の教えである。

「受け身じゃダメです。受け身とは展示会での営業がそうです。考えてみてください。展示会に来たお客さんは、セールスマンなんか誰でもいいんですよ。そこで説明しているセールスマンならば、誰から買ったっていいと思っている。いくら売れたからといっても、セールスマンが努力した結果ではない。努力をしていないから、買い替えの時に他のセールスマンにさらわれてしまうことがある。その点、自分がつかんだお客さんはなかなか離れていきません。何度も買ってもらえる。僕がいちばん多く買ってもらった人は二〇台。

一九回、買い替えてもらったことになる。

自分のテリトリーを歩いていると、いろいろなことを考えるんですよ。ああ、こんな大きな家に住んでる人ならベンツを買ってもらってもいいな、とか。念のため、駐車場もチェックしておこう、と。もし、そこにベンツが止まっていたら、並行輸入なのかヤナセが売った車なのかを見てきます。また、国産車や他社の車が止まっていたら、車検マークを確認して、買い替えの時をねらって営業に行きます。長年、やっているうちにいろいろな方法が生まれてくるんです。ただし、そんな細かな戦術は基本を教えた後のことになります」

河野は展示会で買った客、紹介された客であっても、適当な時期に必ず「自宅を見ろ」と教える。自宅へ行ってみれば駐車場の車以外にも、さまざまな情報が得られるのだ。商品を売るために情報は必須であり、車のような生活用品を売るためには、聞くだけでなく、客の生活を見ることが重要になってくる。

「自宅に訪ねていくようになったら、親しい関係になったと思っていい。そうしたら、近所の家の情報も聞いてみるといい。

あそこの豪邸に住む人は何をしてるんですか、昔から住んでいる人なんですか、と聞いてみる。そうしたら、お客さんの知人ということもありうる。話をしているうちに、紹介してやるよと言われることがままあるんです。お客さんのところに行ったら、つねにアンテナを立てておく。これも営業の基本」

基本を叩きこんだら、客に会ってからどうするのかを教える。河野は七つの教訓を授けている。

ひとつ。セールスマンは自分がしゃべるのではなく、客から教えてもらうこと。

「若いうちは何も知らないと思った方がいい。知らないのに車の性能などについて知ったかぶりをしてしゃべるから敬遠される。車のことだけでなく、世間のことを聞きに行く姿勢で客に会う。目上の人というのは若い人に話をしているうちに気持ちがよくなっていく。そうして、客との距離を近づけるんです」

ふたつ。セールスマンは約束を絶対に守る。

ささいな約束でも、客に対して口に出したことは守る。約束を守るのは信用を得るための第一歩だ。河野は一度、約束をたがえて、客に土下座して謝ったことがある。そんな彼だからこそ、この点は部下に対してしつこいくらいに注意している。

土下座事件に関しては彼自身が新聞のコラムに書いている。

「入社二年目のことです。トヨタ車からベンツに初めて乗り換えられたBさんというお客さんがいらっしゃいました。納車の翌日、ゴルフに行くためにハンドルを握っていると異常に重い。『おかしい』と思ったBさんはすぐに電話してきました。

その日は別のお客さんの車に発生したトラブルの対応に追われており、私は『乗り換えられたばかりでそう感じるのでは』といいかげんなことを言った上、訪問すると約束した時間に遅刻してしまいました。

調べてみると、ハンドルが重い原因はパワーステアリングのオイル漏れ。間違った診断を下した上に遅刻までした私に対し、Bさんが激怒したのは言うまでもありません。その場で土下座して謝りました」（『クルマは人で売る』日本経済新聞）

土下座したのは効果を狙ったわけではない。反射的に手をついて謝ったのである。結局、その時の客とはいまでもつき合っている。

この教訓を噛みしめて思うのは、約束を守るということの他に失敗を忘れないこともまた重要ということだ。管理職になってからも、河野は「土下座した」ことを隠すことはない。部下にはちゃんと伝えている。自著のなかで自慢話を語るセールスマンは多いが、堂堂と自分の失敗を発表するセールスマンはそういるものではない。

また、ついでに書いておくと、河野はさまざまなセールスマンが書いた「営業のコツ」「こうしてたくさん売った」というような本を読んで勉強したことがある。彼は「参考にはなった」と言う。ただし、書いてある通りのことをやっても絶対に売れないだろうなとも思った。それはなぜだろうか。
「本でも、私のこういう話でも、やっぱり参考に過ぎないんです。売るための方程式なんか誰もわかっていません。本や人からアドバイスなりを集めながら、結局、数をこなしていく。数をこなして経験を増やさなければ営業力も交渉力もクロージングの力もつきません。人間の裏の裏まで知る。数をやらないことには自分より優秀な人を追い抜くことはできません」

三つ。セールスマンは客の私生活に立ち入らない。

客と一緒にゴルフへ行ったり、食事したり、クラブに飲みに行ったり……。河野は誘われることも多いが、なるべく客との距離を近づけないようにしている。仲良くなって、おべんちゃらを言うよりも、仕事の時に全力投球した方が客はセールスマンを信頼するからだ。酒をガバガバ飲んで、ホステスとの会話も上手にこなして、カラオケの持ち歌が一〇〇曲あるセールスマンよりも、客は遊びの場でも仕事の話しかしない人間をチャーミングだと感じる。

四つ。セールスマンは客の発した言葉だけでなく、表情に出たサインを察知する。

「人が話している言葉はすべてが本心とは限りません。直接、会って話をしていると、動作や表情に言葉とは裏腹の意思が出てくる。それを察知して、営業活動に結びつけないと、車は売れません」

たとえば、客がカタログを見ながら、河野の話を聞いていたとする。ふんふんと聞いているが、熱心な様子ではないとする。それでも、客が見積もりを欲しいと言うことがある。

「河野さん、いつでもいいから、この車の見積もりを送っておいてよ。急いでないから、いつでもいいよ」

客が急がないと言っても、河野はその場から帰社してすぐに作成し、できればその日のうちにもう一度、客を訪ねていく。客は「ゆっくりでいいよ」と言いながら、セールスマンの熱意を試しているのだ。

「本心をわかるようになるのもやっぱり経験なんですね。ベテランになったら自然とわかってくる。ひとことで言えば、人間を知れということなんでしょうけれど、若い人にはまずできないことでしょう」

五つ。セールスマンは客に対して「この人、嫌だな」とは思わない。

客の元を訪ねて、会ってみたら、いけ好かない男だとする。ケチで傲慢で人を見下す奴だとする。しかし、「この人、嫌だな」と感じないようにするべきだ。感じてしまったとしても、「この人はどこかにいいところがある」と自分に言い聞かせながら、仕事に徹する。すごく難しいことのようだけれど、やってみたら、意外と簡単だ。

私もインタビューで、傲慢で人を見下す人間にさんざん会ったが、このワザを持っているから、嫌悪感は顔に出ないようになった。プロフェッショナルサービスマンにとっては会得しなくてはならない重要なワザである。

六つ。セールスマンは自分を甘やかさない。

これもまた河野が新聞のコラムに書いた記事からの引用だ。彼が「自分を甘やかさない」ためにやっていることがよくわかる。

「質問を一つさせてください。

あなたがベンツの新車セールスマンだとします。会社が設定した月間ノルマは五台ですが、今月はおもしろいように商談がまとまり、月末を待たずに達成してしまいました。

ほっと一息ついていると、得意先のお客様の紹介でなんと二台も追加の注文が舞い込んできました。手続きを急げば、月末までに納車することもできますが、来月初めに納車すれば翌月のノルマ達成がぐんと楽になります。さて、あなたなら、どうしますか。

賢明なセールスマンなら二台の納車は翌月に回すでしょう。あと三台売れば来月のノルマも達成できるからです。

でも、私は迷わず二台とも月内に納車します。二台分のアドバンテージを持つことによって、自分の中に『甘え』が生まれるのが怖いからです」（前出紙コラム）

セールスマン時代、彼が一台も売れなかった月は二度しかなかったという。前月に数台の車が売れたとしても、彼は絶対に数字を調整しなかった。つねに自分をハングリーな状態に置き、地力をつけていったのである。

七つ。セールスマンは負けず嫌いの精神を持つ。

「僕は家電を買いに、ヤマダ電機とかケーズデンキに行くんですよ。売り場の人とちょっと話をすると、相手のことがわかってしまう。ああ、こいつは仕事を面倒くさがってるな、売れても売れなくてもいいんだな、と。客にはセールスマンが考えていることなんて全部、見えるんです。いくら隠しても不熱心な人間はすぐにわかる。だから、必死にやらなきゃならない。他人に負けないように一心に説明して、必死で売る。それがなければ売れません。

飛び込み営業をやっていると、必死さだけは身につく。そして、種をまかなきゃ芽は出ない。部下には一〇〇軒を歩いて、見込み客になりそうなサインを見つけてこいとは言います。でも、売れなくても叱ったりはしません。叱っても怒っても売れるようにはなりませんから」

河野がベンツを売った力の源泉は経験だ。経験に尽きる。そして、経験を形作ったのは間違いなく、飛び込み営業である。断られ、水をかけられ、物を投げられと徹底的に拒否された経験が彼をつくった。

セールスとは何か、人間とは何かを考えて、車を売ってきたのである。つまり、彼が言う「場数を踏む」とはさまざまな経験をするなかで、人間とは何かを考え続けることだ。言葉にならないサインを察知する能力も展示会場に来た客を相手にしていただけでは身につかない。罵倒されたり、クレームを言われたり、しつこく怒られたりという人間関係のなかで、だんだんとわかってきたものなのだ。

話は脱線するけれど、小説家やジャーナリストは、さも自分は人間通のような顔をして「人間を描くのが大事」と言う。しかし、人間の本性はただインタビューしたり、観察しただけでは、すべてを捉えることはできない。その点、ビジネスマン、セールスマンたちは命よりも大事な金のやり取りをしながら、相手を観察する。相手をほめたり、威嚇したり、なだめたり、すかしたり、甘い言葉をかけたりして金を出させようとする。一方の客もしたたかで、セールスマンを脅し、怒り、笑顔でなんとか籠絡しようとする。人間の本性とはそういった瞬間にちらりと表れるものだ。取材、社交だけの間柄の人間に多角的な素顔を見せるはずがない。

話はずれたけれど、河野は相手の人間性を観察し、本性を見定める。同時に、自分のなかにある人間的な強さ、弱さも相手に伝える。客は河野が完璧な人間ではないから、安心して何でも話をする。

しかし、彼もひとりの人間だ。時にはへこたれることがある。そんな時、彼は夢を見る。夢のなかに自分を置いて、気持ちを強くする。

つらくて悲しい気分になった時、彼が頭に思い描くシーンは入社して初めて担当地区となった桜ヶ丘一丁目の町並みだ。

新入社員に戻った河野は京王線聖蹟桜ヶ丘の駅に降り立つ。担当地区である桜ヶ丘一丁目に着く。そこは高級住宅地で道の両側に豪邸が並んでいる。

「夢のなかで自分は桜ヶ丘一丁目の道路の端っこに立つんです。そして、声に出して言う。ようし、いつの日にか、オレは道の両側の家、全部にベンツを押しこんでやるぞ、と」

そう誓い、彼はいちばん近い家のベルを押す。夢はそこでおしまい……。

気分が晴れない時はいつもそうやって空想し、自分を奮いたたせる。

河野は言う。

「でもね、府中支店にいた間、桜ヶ丘一丁目全体では一五台しか売れなかったんです。大したことなかったんですね、あの頃は」

「ベンツ日本一セールス」河野敬に学ぶチェックリスト

- □プロは自分がしゃべるのではなく、客から教えてもらう
- □プロはたとえ小さい約束でも絶対に守る
- □プロは客の私生活に立ち入らない
- □プロは客の言葉だけでなく、表情を察知する
- □プロは客に対して「この人、嫌だな」と思わない
- □プロは自分を甘やかさない
- □プロは負けず嫌いの精神を持つ

第二章

「セレブが通う ディスカウンター」を 作った社長

おにぎり五〇円、のり弁当一九八円の衝撃

京浜急行の雑色駅《ぞうしき》(東京都大田区)は普通電車だけが止まる駅では同線最多の乗降客数を誇る。そして、駅を降りる人たちの目当ての第一は二〇〇軒以上の商店からなる雑色商店街だろう。駅前に広がる商店街は個人商店が多く、全国チェーンの衣料品店、飲食店は稀にしかない。加えて、数ある個人商店はどこも商品の価格が安い。

たとえば小規模な食品スーパーに入って弁当が置いてあるコーナーへ行くと、のり弁当は三五〇円ほどである。おにぎりもコンビニなら一三〇円くらいだけれど、雑色商店街ならせいぜい一〇〇円だ。ものによっては一〇〇円を切るおにぎりもある。商店街では人気の中華料理店「大枡《だいます》」も安い。ラーメンが三七〇円、チャーハン四七〇円、餃子三七〇円。ボリュームもたっぷりである。衣料品や雑貨店だって、大手スーパーよりも割り引いた価格をつけている。

なぜ雑色商店街の商品の値段は安いのか。まず、都内ではあるけれど、銀座、六本木と

いった一等地に比べると、土地の価格が割安だからというのが大きな理由だろう。店の大半は、土地の持ち主だという様子がうかがえる。賃借物件ではないこともあり、商品価格を抑えても充分にやっていけるのだ。

加えて雑色は庶民の町だ。エルメスやルイ・ヴィトンを買いたくてやってくる客はいない。高い価格の商品のニーズはない。贅沢品、高級品を置いておく意味はない。

だいたい、そんなところだけれど、実はこうしたことよりも、雑色商店街が商品を安くしなくてはならない大きな理由がある。それは強力なライバルがいるからだ。ライバルの名前はディスカウントスーパーの「スーパーオーケー」。そこにはスーパーオーケーの本社および本店であるサガン店がある。サガン店は旗艦店舗だけに商品の種類は多く、しかも破格の値段。雑色商店街の一軒一軒はスーパーオーケーの存在を感じながら、小回りの利く商法で対抗するしかないのである。

スーパーオーケーとはどういったチェーンなのか。主に食品を専門とするディスカウントスーパーで、現在、首都圏と宮城県合わせて六五店舗を展開している。年商は二三〇〇億円を超えており、しかも、年々、成長を続けている。二〇一二年三月、日本経済新聞が行った顧客満足度調査では、スーパー部門の一位となっている。

では、雑色駅の改札口から二〇メートルの距離にある、スーパーオーケーのジャンボサガン店に入ってみよう。ちなみに「サガン」は多摩川の左岸にあるところという意味だ。私が店に入ったのは午前八時三〇分の開店直後である。にもかかわらず、店内はすでに人が七割程度入っていた。レジに行列こそできてはいなかったけれど、店内には買い物客の熱い気配が漂っていた。

客の様子を見ると、誰もがエコバッグを持っていた。オーケーはレジ袋を有料にしており、エコバッグを持っていない人は一枚六円で買わなくてはならない。もったいないからである。エコバッグ持参なのである。そして、すさまじいとも形容できるほどの買いっぷりのよさである。エコバッグは誰もが二個は持っており、そのなかへパスタや味噌や醤油をぐいぐい突っ込んでいく。野菜や肉のパックも押し込む。足りないと思ったら、段ボールをもらってきて、そのなかへケチャップやマヨネーズを何本も入れていく。そうして、レジを済ませたら、電動アシスト付き自転車の荷台か自家用車のトランクに積み込んでいく。一階フロアで、人だかりが多かったのは惣菜、弁当、ベーカリーのコーナーだった。買い物でエネルギーを消耗した主婦が昼ご飯を確保しようという算段だろう。私もつられて弁当コーナーへ足を運んだ。

すると、そこには……。

まず、おにぎりはどれも五〇円だった。サケでもたらこでも何でも五〇円で、ちゃんと海苔も巻いてある。コンビニに置いてあるものと形態は寸分変わらない。次は、隣に並べてあった弁当である。鮭弁当は二九〇円。ロースカツ重は二九九円。そして、「のっけ弁当」という食品トレーにご飯とおかずが入っていて、上をラップで覆ったものに至っては一九八円だった。一九八円だけれど、ちくわの天ぷらとサケの切り身が載って、ご飯に海苔がかぶせてある。いわゆる「のり弁」と言われるものだ。しつこく書くけれど、その弁当が二〇〇円もしないのである。

「よほどまずいんじゃないか」と邪推して私はおにぎりとのっけ弁当を買い、食べてみた。ちっともまずくないというか、コンビニのそれと大差なかった。驚くというか、あきれはてる低価格なのである。

ベーカリーだってあきれてしまう。フランスパン一本一四二円、カンパーニュが一五八円。安いけれど、まあ、そういう値段で売っているところもあるだろう。衝撃だったのはピザだ。四六九円。一切れではない。一枚の値段である。宅配のピザ屋ならば一枚で二〇〇〇円はする。それが四六九円。

こうしたものはすべて特売の値段ではない。毎日、必ずその価格で売っている。ウォルマートやカルフールと同じＥＤＬＰ（Every Day Low Price）だ。つまり、オーケーは特売をしないから、いつ行ってもピザは一枚四六九円で買える。

惣菜の売り場にはスーツ姿の紳士が四人、激安価格の弁当を見つめて話をしていた。耳を傾けてみたら、中国語である（おそらく）。内容は詳しくはわからなかったが、彼らが驚いて、しゃべっていることは伝わってきた。私の推測だが、彼らは「わが国よりも安い」とか「日本のデフレはここまで進行している」などと話し合っていたのではないだろうか。

その後も店内を歩いたけれど、商品の値札を見るたびに、私は価格にあきれはてたが、だんだん、気持ちは変わっていった。頭のなかにはもやもやと雲のような疑問がわいてきた。

「オーケーが安いのではなく、他のスーパーやコンビニの値段が高いのではないか」と。

本来、おにぎりなんてものは五〇円でいいんじゃないか。ピザだって、いくら宅配するとはいえ、小麦粉とチーズの塊が一枚で二〇〇〇円もするはずがない。オーケーの値段が真実の値段で、宅配のピザ屋は暴利をむさぼっているんじゃないか……。

そう考えてしまうくらい、オーケーの価格は他店とは違う。実に他店のそれより四割引き以上もの低価格である。他店に対抗して、少し値引きしているのではなく、比較にならないくらい値段を下げている。また、前述のように、特売はやらないし、限定品の価格でもない。名前の知られていないメーカーの倒産処分品を現金で買い叩いて持ってきたわけではない。一流メーカーの醤油や食用油や味噌やティッシュペーパーやワインがどこよりも安いのである。

いったい、オーケーはどうやって仕入れているのか。その方法はどのスーパーでもやれることなのか。そして、もし激安で仕入れる方法を突き止めて、私が公開したら、他のスーパーも真似できるのだろうか。

そうなったとしたら、全国のスーパーの商品価格はぐっと下がってしまい、デフレはさらに進行するかもしれない。だが、消費者は喜ぶ。たとえ、評論家から「目先のことしか考えないやつ」と言われても、私は庶民が目先のことで喜ぶ道を選択する。よし、行こう。

オーケーの創業者で社長の飯田勧《すすむ》に会いに行って、安く売る方法を聞いてこよう。

セレブが通う ディスカウンター

私もそう書いたけれど、一般にオーケーはディスカウンター、安売り屋と定義されている。しかし、店を訪ねてよく観察してみると、いわゆる「安売り屋」とは少し違う点がある。いわゆる安売り屋は商品は確かに安いけれど、店舗が汚くて、しかも客層がよくない。あのドン・キホーテへ行ってみれば一目瞭然だけれど、煙草をふかすヤンキーたちがカスタマーである。ディスカウンターとはどこもそんな感じだ。だが、オーケーはそうではない。世田谷区用賀にある店舗を訪ねてみるといい。駐車場にはベンツやＢＭＷ、レクサスが何台も並んでいる。ヤンキーの姿はない。店舗だって、明るくきれいで、高価な服を着た買い物客がミネラルウォーターや和牛の塊といった商品を買っている。ディスカウンターではあるけれど、セレブ客が利用する店なのである。

そして、他にもいくつかオーケーならではの買い物客へのサービスがある。

たとえば、人工着色料を使用した商品はひとつも取り扱っていない。保存料、発色剤など食品添加物が入った商品もできる限り扱わないようにしている。そして、取引先の食品メーカーに対して「食品添加物の使用をやめよう」と働きかけを続けている。

次はどこよりも安い価格の徹底だ。一九八六年からオーケーでは「万が一、他店より高い商品がありましたら、お知らせください。値引きします」というポスターを掲げている。そして、値段を比較できるナショナルブランド商品の場合、客が他店の安いチラシを持っていけば、ちゃんとその値段まで下げてくれる。ただ、現在では、あらかじめ近隣店舗の値段を調べてくる部隊がいるので、客が「他の店の方が安い」とチラシを持ってくることはなくなった。

三番目は「オネストカード」というシステムである。客に正確な情報を伝えるためのものので、小さな名刺大のカードが商品の棚に置いてある。

カードの内容はこんな感じだ。

「ただいま販売しておりますグレープフルーツは、南アフリカ産で酸味の強い品種です。フロリダ産のおいしいグレープフルーツは一二月に入荷予定です」

もう少し待てば目当ての商品が来るから、この商品は買わなくていいですよ、と正直に告白しているわけだ。

最後に、オーケーでは商品価格の表示が本体価格と消費税込みの価格、ふたつを表記している。

「なんだ。それがどうかしたのか」と問われそうな点だけれど、実はかなり大きな問題だ。一例を挙げると、スパゲティ一キロの場合、本体価格が三九九円、消費税を含めた値段が四一八・九五円と表示してあるのだ。ふつうのスーパーなら、一円以下の単位を用いることはない。消費税込みの価格に一円以下の端数が出たら、たいていは切り上げるか切り下げるだろう。ところがオーケーの社長、飯田勧は「嫌だ」とはっきり言う。

飯田の言い分は次のようなものだ。

「四一八・九五円を切り上げて四一九円としたら、お客様から〇・〇五円を黙っていただくことになる。それではお客様が損をする。切り下げて四一八円としたら、うちが〇・九五円、損をする。四捨五入にしたって、どちらかが損をする。それは価格に対して正直な態度ではない。そこで、うちでは本体価格のまま、買い物の全体額を集計して最後に消費税額をかける。そうして銭の単位が出たら、そこで初めて四捨五入する。それがフェアというものだと思う」

消費税の表示について、オーケーを取材した新聞や雑誌は単に「ユニークな取り組み」とひと言でまとめてしまう。確かに、ユニークなのだけれど、そこにはオーケーというスーパーの意気込みがあらわれている。オネストカードも似たところがあるけれど、客に対していいかげんなことはしたくない、もっと言うと、ずるいことをして儲けたくないという気持ちだ。オーケーという企業を見ていく時に、社長の飯田を論じる時には、まず彼らの「正直さ」を評価しなければならないと思う。たとえ、細かいことであっても、正義を貫きたい会社なのである。

セコム、天狗、オーケー……起業家を育てた父の教えとは

オーケー社長の飯田勧は今年で八五歳になるが、創業した一九五八年から半世紀以上も現役で会社を率いている。父親は江戸時代から続く日本橋の酒問屋「岡永」の経営者で、飯田は五人兄弟の三番目だ。長男は岡永を継ぎ、二番目の兄（故人）は一部上場企業の居酒屋「天狗」を運営するテンアライドを創業した。すぐ下の弟は身体が弱く、実業の世界には入っていない。そして、末弟がセコムの創業者、飯田亮。実に兄弟のうち三人がベンチャー企業を起こして、いずれも大企業に育て上げている。起業家のＤＮＡを持った一族なのだろう。また、飯田も含めた上三人は東京帝国大学、北海道帝国大学、海軍兵学校出身と当時では秀才だ。特に海軍兵学校は戦前、旧制一高（現・東大教養学部）、陸軍士官学校と並ぶエリートの養成学校として知られており、「帝大へ入るよりも難しい」と言われていた。

そんな飯田は開口一番、「私たちは父親から多くのことを学んだ」と語った。

「うちの親父は商売柄もあって酒が好きだった。毎晩、食事の時に酒を飲みながら私たち兄弟に、いろいろな話をするんだ。

たとえば『男は絶対にしゃがむな』。お前たち、しゃがんでる男の顔をよく見てみろ。幸せそうにしているヤツはいない。だから、しゃがむな。しゃがむといいことはない。

また、『木綿問屋は長続きする。薄利だから生活が質素なんだ。利幅が大きい商売をすると気が大きくなって贅沢になる』ともよく言っていた。そういった教えが私の身体のなかに詰まっている」

日本橋で育ち、海軍兵学校に入学した飯田を変えたのは原爆投下と敗戦だった。海軍兵学校は広島に近い江田島に校舎があった。彼が一号生徒(最上級生、兵学校は当時三年制)だった夏、敗色が濃くなるなか、広島方面に閃光を見た。

「原爆だった。直後、きのこ雲がだーんと上がって、校舎の窓ガラスがビリビリーッとすごい音がした。原爆の後が終戦だ。私は原爆で壊滅した広島の町を歩いて駅まで行き、疎開していた家族がいた葉山へ戻りました。汽車に乗っている間、日本中の都市が焼け野原になっているのを見た。日本がゼロになったのを見たんだ。あとは自分たちでつくっていくしかない。それだけだった。頭のなかにあったのは」

家族が暮らす葉山から日本橋に戻った飯田は父親と一緒に仕事を始めた。しかし、酒を扱ったわけではない。敗戦後、食料品、酒などは統制され、自由に販売することはできなかった。配給制度がなくなる一九五〇年まで、一家は見よう見まねで漆器や家具の卸売りをやるしか、金を稼ぐ手段はなかった。

海軍兵学校で同級生だった友だちのほとんどは東大や京大など一流国立大学に復学することができ、エリートコースに戻ったのだが、飯田は拒否した。早生まれだったこともあり、復学するとなれば一学年下に編入されてしまう。それが嫌だったのと、役人になる気持ちはなかったから、塗り物の座卓や漆器を売って、糊口をしのいでいた。

敗戦から五年後、経済統制が解除され、飯田一家は酒問屋の仕事に戻ることができた。飯田も兄弟と一緒に手伝うが、やってみたら、それもまた楽しい仕事とは思えなかった。

「何が嫌だったかというと、売掛金を払ってくれないんだよ。払ってくれる店はすぐにくれた。しかし、ほとんどの店は、いつ行っても『もう少し待ってくれ』と……。何回、足を運んでも払ってくれない。そりゃあ、嫌なもんだ。それでね、売掛金の回収が嫌だったのは僕だけじゃない。末の弟もそれが嫌で独立してセコムを始めた。仕事をやるのなら前金をくれるビジネスがいいとあいつは言っていた。確かに、それはその通りだよ」

実家で働いてはいたものの、飯田の腰は定まらなかった。父親から「お前は女の出入りが多いから」と比叡山へ半年間の修行にやらされたり、一念発起してアメリカへ留学したりしたけれど、そこで新ビジネスの種を拾ってきたわけでもない。

「何か面白いことはないか」と考えてはいたのだけれど、実行に移すことはなかった。仕事はしていたものの精神的にはフリーターみたいなものだった。

ある日、当時、大部数を売っていた雑誌『リーダーズ・ダイジェスト』(日本版)に目を通していたら、「アメリカではスーパーマーケットが花ざかり」という記事があった。

中身を熟読した後、飯田は「これだ」と感じた。そして、スーパーをやってみようと決意する。三〇歳の時で、決して早いスタートではなかった。

後に彼は自社の会社案内に創業のきっかけについて、次のようにまとめている。

「『これ(スーパーマーケット)なら現金商売で、売掛回収の苦労が無いなぁ』と思いまして父に相談したところ、『五〇〇万円だけ貸してやるよ。担保は貸さないよ。それで良ければやってみな。』ということでスーパーマーケットを始めることにしました。店名のオーケーは、簡単で世界中どこでも発音が同じということで、父と母の命名です。『お客様にとって無くてはならないお店、電車の駅のようなお店になるんだよ』と言われました」

飯田の話を聞いていると、彼のビジネスの師は父親と母親であることがわかる。そして、理論といっても小難しい理屈ではない。江戸時代から商売をしてきた酒問屋の主人が体験した現場の知恵が彼の指針だ。

調べてみて気がついたことだが、オーケーの経営戦略は簡単にまとめれば顧客第一と薄利多売のふたつだ。つまり、江戸時代から連綿と続く商人の知恵をスーパーの経営に落とし込んだものに過ぎない。ただし、そうではあるけれど、アメリカが生んだスーパーマーケットというシステムに江戸商人のソフトノウハウを接ぎ木することは創業当初は簡単ではなかった。

一九五八年六月二五日、飯田は一号店を東武東上線の上板橋にオープンする。日本における最初のスーパーは紀ノ国屋(一九五三年)であり、スーパーオーケーはダイエー(一九五七年)、イトーヨーカドー(一九五八年)などと並んで国産スーパーの開拓者だった。

陳列された商品を手に取り、キャッシュレジスターで精算するというシステムは経営する側も初めてだけれど、客にとっても初体験だった。そのため物見高い客が集まってきて第一号店は開店当日から大盛況だった。連日、店が壊れるんじゃないかというほどの人が入ってきて、買い物をしたのである。

「ただ、一か月もしたら、店のなかはがらーんとしちゃった。客が来なくなったわけだ。さあ、それからだ。がらんとなっても、こっちはまったくの素人だから、何をやったらいいのかがまったくわからない。客を呼ぶ方法がわからなかった。

だが、仕方ないとも思った。だって、私がやったことは百貨店の真似なんだから。最初にやったことは三越の納品部へ行って、やってきた食品問屋をつかまえて、『うちにも納入してくれ』と頼むこと。だけど、食品問屋にとってはスーパーオーケーなんて聞いたこともないから相手にしない。取引をOKしてくれたとしても、うちは三越よりもうんと高い値段を払わなきゃならない。それじゃ、デパートよりも高い値段のスーパーになっちゃう。だから、頑張ってデパートの価格よりも二円か三円、安くつけてみるんだけれど、お客さんにとっちゃ、それっぱかりの値引きは何の意味もない。そんな状態だったから、店が閑散としたのも当たり前と言えば当たり前だった」

当時、彼が食品問屋から仕入れていたのは醬油、味噌、油といった調味料と缶詰、乾物といったものだった。精肉、鮮魚、青果は仕入れのやり方がわからなかったので、個人商店をテナントに入れた。つまり、スーパーマーケットとは名乗っていたものの、商品は大して安くなかったし、生鮮品は個人商店が売っていた。キャッシュレジスターがあるだけの総合食料品店だったのである。

奇跡の安売りはこうして生まれた

その後、スーパーオーケーは徐々に店舗を増やしていった。店が増えれば売り上げは伸びる。一応、会社は成長していたけれど、同じ頃に創業したダイエー、イトーヨーカドーに比べれば伸び率は鈍かった。それはダイエーやイトーヨーカドーは衣料品や雑貨を扱う総合スーパーになっていたけれど、飯田は衣料品販売に自信が持てなかったから、食品スーパーとしてやっていくことにしたのである。スーパー成長の波に乗り遅れたわけだが、近年になって、ユニクロ、イケア、ニトリのような衣料品、家具のSPA（製造小売業）が出てきてからは、スーパーの同売り場は壊滅的な打撃を受けた。いまにしてみればオーケーのような食品専門の方がはるかに筋肉質に経営していける。飯田が下した決断は当時こそ「将来のことがわかっていない」と酷評されたが、現在ではオーケーの方が優良企業とされている。結果論ではあるけれど、先を見通していたのは飯田だった。

創業から十数年たっても、オーケーの店の数は三〇前後で固定していた。売り上げも伸びず、鳴かず飛ばずといった状態になった。飯田も仕事にそれほど気を入れず、いつしか経営も部下まかせになっていた。

一九八六年、創業から二八年がたった。ある日、彼はオーケーの売り場を見て愕然とした。オレは二八年間、いったい、何をやってきたのかと自分を殴りたくなるような気持ちになった。

「他の人にはわからないかもしれません。しかし、私にとっては重大な問題だった。一個一〇〇円のチョコレートが『特売商品九八円』と書いてあったんです。たった二円の割引です。そんなもの、お客さんは嬉しくもなんともないですよ。他のスーパーならもっと安かったでしょう。また、味噌も醤油も特売と書いてあったけれど、デパートで売っていたのとせいぜい五円くらいしか違わなかった。それじゃダメなんだ。父や母から言われていたのは、お客さんが喜ぶ店、お客さんにとってなくてはならない店をつくれということだった。だが、うちの店はそうではなかったんだよ」

それからの飯田は目を覚まし、憑かれたように仕事に取り組むようになるのだが、行動を起こす前に、じっくりと考えることにした。

――どうやったらお客さんが喜ぶか。なにをすればお客さんが来てくれるのか。そのためにはどういった戦術を立てればいいいか。彼は海軍兵学校を卒業している。戦術立案ならばはるかな昔ではあるが、習った記憶はある。

そこで、あらためて方針をはっきりとさせた。「高品質、お買い得」。なんといっても、このふたつである。

本来、「高品質、お買い得」は順守するべき原則だったのだが、忘れられてお題目になっていたのが大きな問題だった。

では、高品質とお買い得を達成するにはどうすればいいか。

まずは高品質である。飯田はオーケーが売る商品は品質を確かめるために、バイヤーが実際に食べてみたり、使ってみたものにすることにした。醤油でもサラダ油でも、使ってみて、いいものだけを置くことにした。スーパーには何千何万という商品がある。オーケーは他のスーパーに比べれば商品の種類は少ない方だが、それにしても、すべてを使用するには手間と時間がかかる。だが、飯田は実行した。品質を確認して、自分たちが胸を張って売れる商品だけを棚に並べることが高品質だと定義したのである。なぜなら、お題目ではない高品質をうたうにはその方法しかないと思ったからだ。

次は「お買い得」の実現である。お買い得は日本中の小売店が金科玉条のように唱えるうたい文句だけれど、オーケーのようにすべての商品を「近隣のどの店よりも安く売る」のは並大抵のことではない。だが、やらなくてはならなかった。

飯田は次のようにして実現した。

「商品を安くするには経費を下げるしかない。単純だけれど、それしかないんだ。それが私の結論だった。だが、経費を下げると言っても簡単ではない。人手を極端に少なくしたら経費は下がるけれど、サービスは低下する。建物を安くつくれば経費は減るが、安普請であまりにみすぼらしい店にしたらお客さんは足を運んでくれない。つまり、無駄な経費は削れるけれど、人件費を下げたり、ぼろぼろの建物をつくることはできないんだ。では、どうやったら、経費は下がるのか。

結局、売り上げを伸ばすしかないんだ。たとえば、いま、オーケーの経費率は一五パーセントです。小売り業界だと最低でしょう、イトーヨーカドーは三十数パーセントで、イオンも三〇パーセントはある。スーパーの経費率はどこもだいたい三〇パーセント以上なんです。うちの経費率が低いのは他の店の三倍は売っているから。一店当たりの売り上げを上げることで経費を少なくしているのです」

しかし、「売り上げを伸ばせばいい」と簡単に言うことはできる。だが、世界中の小売店がそれを実現することに四苦八苦している。では、どうやってオーケーは売り上げを伸ばしたのだろうか。

「薄利多売です。他の会社よりも利益率を減らして商品を安く売る。しかも、他が追随できないくらい安くして売る」

一般に、安売りする店がやるのは仕入れ先を叩いて値段を下げさせることだ。ディスカウンターと呼ばれる小売店は表立っては言わないけれど、たいてい、そういうやり方を取っている。

飯田はそれはしなかった。他人を泣かしてまで自分が儲けることが性に合わなかったこともある。だが、もっとも大きな理由は、仕入れ先を泣かせたら、いつか報復されることもあるし、また、仕入れ先を叩いたあげく倒産させてしまっては元も子もないからだ。相手にも得をしてもらわない限り、商売はうまくいかないという昔からの商人の知恵であり、彼は昔からの知恵を駆使して商品の値段を下げていったのである。

まずは長期継続的に取引できる仕入れ先を探し、そこから大量購入することにした。長期の契約を確約し、加えて大量の商品仕入れを依頼した。

それでも、まだ大きな関門が残っていた。醤油でもティッシュペーパーでもなんでもいいけれど、業界シェアトップのメーカーはいくら「長期と大量購入」を提示しても簡単にはまけてくれない。それはそうだ。トップメーカーはオーケーよりも店舗数の多いスーパーに大量に納入しているわけだから、オーケーだけを特別扱いすることなどできないのである。

飯田はまた考えた。

「では、トップメーカーとの交渉はやめよう。第二位のメーカーから高品質な商品をたくさん買えばいい」

オーケーへ行くと、醤油の売り場にはキッコーマンではなくヤマサの醤油がたくさん並んでいる。また、ティッシュペーパーはクリネックス(日本製紙)ではなく、大王製紙の商品だ。

ティッシュペーパー、トイレットペーパーについてはオーケーが相当の量を買っているため、パッケージは専用のデザインになっている。つまりはオーケーのプライベートブランドのようなものだ。

飯田は「いま流行りのプライベートブランド商品は作らない」と宣言しているけれど、メーカーからある種類の商品を大量に、しかも長期に買い付けてしまえば事実上のプライベート商品が出来上がってしまうのである。

仕入れの工夫はセカンドブランドとの契約だけではなかった。たとえば、弁当や納豆などの食品製造工場は季節によって稼働率が変わる。夏の暑い時期などは需要がなく、工場のラインが空いてしまうことだってないとは言えない。オーケーのバイヤーはそうした工場が暇な時期を見越して注文を出す。

「稼働率が悪くなったら知らせてください」と伝えておき、いざ、ラインが空きそうになったら、大量に発注する代わりに納入価格を下げてもらうのである。工場としても機械を遊ばせておくより、少しでも動かした方が金になるから、値下げに応じる。

そうやって、取引工場のラインの様子まで把握して商品を発注するのがオーケーの仕入れ戦術だ。

飯田はきっぱりと言った。

「セカンドブランドからの大量仕入れ、工場とのコミュニケーションを密にすること。このふたつはどこの店でもやろうと思えばできる。だが、それをするにはまず商品を売った実績がいる。そのためにはまず商品の価格を思い切って下げなくてはならない。高い価格で仕入れた在庫があっても、まずそれを下げる。最初にやることが肝心だ。それができるのはうちだけだ」

要は「リスクは先に取れ」である。だが、損を覚悟で店に商品をずらずら並べるのは度胸がいる。それほど簡単に割り切れることではない。だが、割り切って安くして、買ってもらわなくては何も始まらない。こうして、飯田はオーケーを再生することができた。

オーケーは経営コンサルタントを雇ったことがない。最新の流通理論もうのみにしているわけではない。根づいているのはふたつ。飯田が父母から教わった商人の知恵、海軍兵学校で習った目標設定と実現に責任を持つことである。

「最初に安くしなければ絶対に買ってもらえませんよ。それにはまず自分たちがリスクを取るしかない。だって、仕入れ先にリスクを持たせるわけにはいかないでしょう。自分たちの商売なんだから。

ビジネスだからといって、何をしてもいいわけじゃない。世の中にはしていいことと悪いことがある。そして、僕は値段の安さだけを追っかけているわけじゃないんだ。たとえば、うちで売っているワインです」

飯田は「デリ・ブティック」というオーケーだけが扱っているワインの話を始めた。

「昔はホテルオークラのハウスワインだったんです。オークラがメルシャンに頼んでつくらせていたものなんだ。私はおいしいなと思ったから、同じものをメルシャンから仕入れることにしました。ただし、安く売らなきゃいかんから大量に仕入れましたよ。いまでは一年間に四〇万本は仕入れている。価格は一本三九九円。でも、瓶の口を見てください。ここ、コルクになっているでしょう。もし、コルク栓をやめてキャップにしたら、さらに六〇円下げることができる。でも、私はしません。ワインはコルク栓を使っているから、自宅に来客があっても開けて出すことができる。そして、コルク栓があるから高級感を感じることができる。値段を安くするためにワインのいいところをなくしたら品質が落ちたのと同じこと。品質がよくなければお客さんは満足しませんせん」

彼はワインについてはやたらと熱心に話した。それは商品の価値がどこにあるかを忘れてはならないということだからだろう。続いて、オーケーがやってきたことを細かく解説した。聞いていると、大切なところはたったひとつではないかと思った。

「私はね、レジでお客さんに頭を下げることだけが接客サービスではないと思っている。本当の接客サービスとはお客さんに安心して買い物をしてもらうことじゃないかな、と。私はそう確信しています。ですから、毎日、店に行って買い物をして、周りのお客さんを観察して、安心した顔をしているかどうかを確認することにしているんです」

飯田は知人と会食して帰宅する日以外は夕方になると社長室を出て、本社ビルの下にあるサガン店で牛肉や魚やワインを買って帰る。その時に目についたこと、社長を見つけた客から訴えられたことなどをメモして役員会で話をする。サガン店の従業員にしてみれば毎日、社長がチェックに来るわけだから、やりにくいに違いない。しかし、嫌がられても飯田は毎日、夕方になると店舗へ出ていく。

「そう、あなた、うちの店でお気づきになりましたかね、みなさん、安心して買い物していらっしゃる。私はね、売り上げよりも何よりも、みなさんが私たちを信頼してくれる姿を見られることがありがたい」

ささやかな安心がリピーターをつくる

インタビューを終えてから、私は「安心している客の姿」を見るため、サガン店に寄った。しかし、客の安心とはどういうものかよくわからなかったので、一九八円ののっけ弁当を買って、うちに戻った。その後も「安心する客」を探しに、自宅から近いオーケー用賀店に二度、出かけていったけれど、これまた、はっきりとした姿を見つけることができなかった。またしても、弁当やワインを買っただけに過ぎない。

これではいかんと、私は飯田に連絡した。

「すみません。いったい、客のどこを見ればいいんですか」

回答は次の通りだった。

「牛乳やヨーグルトや納豆の棚に行ってください。お客さんの様子を見てください」

私はまた用賀店へ買い物に行った。午前一一時頃だった。ヨーグルトが並んでいる棚の前に立ち、価格を確かめた。メグミルクのヨーグルト「牧場の朝」が七八円。メーカー価格は一六〇円。やっぱり安い。買うことにした。そして、いつものようにいちばん新しい日付のそれを探そうと、棚の奥に手を伸ばしたのだが、いちばん前に並んでいるのと棚の奥のヨーグルトは同じ日の製造だったのである。念のため、列にあるヨーグルトすべての製造日を調べたが、いずれも同じ日付だった。

なんだ、それなら、棚の奥まで手を伸ばさなくていい……。

あっ、と思った。

オーケーでは牛乳でも納豆でもヨーグルトでも棚の奥に手を突っ込んでいる客はいない。私のように常連ではない客はそういった行動をとるけれど、いつも来ている客は絶対にやらない。

なぜなら、オーケーは牛乳などの商品の場合、前日に入荷したものが売り場に残っていたら三パーセント引きのシールを貼ってしまうからだ。製造日が古い商品にはシールが貼ってあるから、わざわざ日付を調べたり、棚の奥に手を伸ばしたりはしないのである。さらに言えば、常連客は値段を調べて買ったりはしない。置いてあるものはどこの店よりも安いとわかっているから、値段を見ずに買っている。

店を信頼し、安心しきって買い物をしている。つまり、「安心」は客の行動に表れていた。流通ジャーナリストや評論家は「オーケーは安いから客が来る」と分析している。しかし、それは正しいとは言えない。人は安いからといって買い物をするわけではない。安いのは嬉しいことだが、安いだけでは飛びつかない。特に食品は価格より品質だ。いくら安くても賞味期限が「買い物した日の翌日」なんて品物はまず買わないのである。オーケーに客が来るのは、そこへ行けばだまされることがないとわかっているからだ。だから、生活が苦しい人だけでなく、ベンツやBMWに乗ったセレブもやってくる。

小売店におけるサービスとは頭を下げたり、丁寧な接客をしたり、微笑をたたえてもてなすことだけではない。客を安心させることがサービスの目的だ。オーケーの従業員は全員が愛想がいいとは言えない。しかし、売り場は客を裏切らない。

飯田と会った時のことを思い出した。

別れ際にひとつだけ確認したことがある。かなり失礼な質問だったけれど、話のついでに確かめたくて聞いてみた。

「飯田さんは客を裏切ったことはあるんですか？　お客さんの信頼に応えなかったことはあるんですか？」

心外なという表情で、彼は即座に答えた。

「一度もない。いや、ないと思っています」

なおも追及した。

「では、やっていないとして、客がいちばんの裏切りだと感じることは何でしょうか？」

答えが返ってきた。

「嘘をつくことでしょう。表面的に『安い』と言って、実は安くないのは裏切りです。だから、うちは他の店よりも絶対に安くしている。ただし、他店と同じ条件にはしています。たとえば、ある日、ひとつの商品を五〇〇個限定で特売する店が近隣にあったとします。そうしたら、うちも同じ条件で、つまり五〇〇個限定で、少なくとも同じ値段にはします。だが、見切り商品の特売はしません。賞味期限がその日までの商品を激安にすることはしない。それはお客様を裏切ることだから。だって、たとえば賞味期限が翌日までの牛乳なんて、買ったとしても一日で飲みきることはできない。それはやらない。

そうした賞味期限がぎりぎりの品物が店舗に残っているのは発注の失敗です。自分の失敗をお客様に転嫁してはいけない。裏切りは信用をなくす元です。それはしない」

オーケー用賀店の売り場で立ち止まって考えた。安心して買い物できることがいかに心にゆとりをもたらすか。そこには計り知れない満足感がある。

チラシを持って、方々の店で特売品を買って歩くことが主婦の勲章のように報道されるけれど、誰もそんな面倒なことはやりたくない。喜んでいるのはそうした姿を画面に映し出すテレビ局だけだ。安いものを手に入れるためだけに、右往左往することを喜びと感じている人はいない。それよりも、相手を信頼して、品質や値段のことを忘れて、毎日、同じ店へ行くことの方がよほど楽だし、安心だ。

オーケーが客に約束しているのは、そういったささやかな安心なのだ。

用賀店の入り口にオーケーが発行しているチラシが置いてあった。「オーケー商品情報」と書いてあった。世の中に存在する紙のなかでもっとも薄くて、もっとも安っぽい紙でできたチラシだった。印刷費もケチっているようで、写真も少ない。色もきれいではない。商品名と値段だけが満載された無愛想なものだ。

片隅にこう記してあった。

「教えて下さい。

1　商品の品質が良くなかったら。

2　商品の値段が安くなかったら。

3　人気の商品が置いてなかったら。

4　欲しい商品が置いてなかったら。

5　サービスが良くなかったら。

6　その他　何でも教えて下さい」

読みながら感じたのは「オーケー社長の飯田勧に私が教えるなんてことは何ひとつない」ということだった。

「セレブが通うディスカウンター社長」飯田勧に学ぶチェックリスト

□プロは銭単位まで商品価格を表示する
□プロは「高品質、お買い得」を順守する
□プロは薄利多売で売り上げを伸ばす
□プロはお客に牛乳の日付を確認させせない
□プロは見切り商品の特売は絶対にしない
□プロはささやかな安心をお客に与えられる

が低くなくとも、仕事に絶対の自信と他人を凌駕する技術を持っていれば、人づきあいが下手でもそのジャンルでは生きていけるのである。

野波繁幸、七四歳。傲慢ではないけれど、傲然としている。口をへの字に曲げ、じろっとにらむ。鳥打帽をかぶって、高そうな上着を着ている。小柄で痩せている。動きは敏捷。「いっつも煙突にのぼってるから酒は一滴も飲まない」と断言する。酒を飲まないからファミレスでチョコレートパフェを食べたりする。

彼は土木建設業、野波組の創業者兼オーナーである。所在地は奈良県桜井市。三輪そうめんの製造が土地の産業である。野波組の正社員は彼の他、妻と長男だけである。資本金は三〇〇万円、年商は一億円。仕事は掃いて捨てるほどあるから、頭を下げての営業はしない。仕事を依頼に来る人間が大企業ならではの不遜な態度を見せたら、それ以上のデカい態度で相手を威嚇する。

「仕事をください」なんて、一度も言ったことはないし、「儲かる話はないか」と他人にすり寄ったこともない。……思えば、このふたつの言葉を挨拶代わりにする人で、成功している人を見たことがない。成功したい人は「仕事をください」と「儲かる話はないか」のふたつは絶対に口に出してはいけない。

話は野波に戻る。彼の仕事は煙突にのぼることだ。

――避雷針の交換も一時は多かった。年間、五〇〇本はやっとったね。避雷針、知ってるでしょう。あれ、高さが二〇メーター以上の建物には必ずつけなきゃいけない。ちょっとしたマンションなら、一棟に三本や四本はついとるけれど、工場となるとハンパな数じゃない。精密機械や電気製品を作ってるところは雷が落ちたら機械の精度が狂うから、屋根や煙突に三〇本も四〇本も取りつける。化学会社も多いね。電気が地中に逃げていかないと回路がショートして火事になる。だから、何十本と取りつける。避雷針と書くが、雷を避ける機械じゃない。落とさないようにするんじゃなくて、雷を誘導するためのものだから、必ず落ちる。それで、オレが交換に行くんだ。

避雷針の交換ってのは、新しいのを背負ってのぼっていく。こわいよ。ああ。だから、雲行きがあやしくなってきたら、のぼっている途中でも下りてくる。前兆はあるんです。雲とか雨じゃない。空気が鳴る。高いところにおると空気がぶわーんと鳴るのがわかりますよ。その後、ゴロゴロときて、どっかーん。どっかーんは知らない。もう遅いもの。オレが子どもの時、近くの田んぼで腰に鎌を差して、草取りしていた百姓に落ちたんだが、死体は真っ黒だった。だから、いまの人は避雷針の交換はやりたがらない。

雷が落ちたら、避雷針はネズミがかじった跡のようになる。突針がガジガジになるわけ。見たら、誰でもわかります。ネズミだなと思いますよ。落雷でダメになるのは突針だけだから、先っぽだけを交換すればいい。昔はそれでも避雷針の交換、一本当たり一五万から二〇万になったんだが、いまはダメだ。せいぜい一〇万円。マンションなんかは簡単だからね。屋上の四隅にあるのをただ交換するだけ。煙突の上とか工場の屋根にあるのを交換するのは骨が折れる。なんだかんだで年間五〇〇本くらいやって、それを六年は続けた。避雷針は三〇〇〇から四〇〇〇はやってる。でも、煙突の解体はそれどころじゃない。もっと多いよ。それが本業なんだから。

避雷針ってのはたいていクロムかステンレスでできてる。大したことない。だけど、奈良県のある金持ちのおっさんがプラチナの避雷針を立てたことがあるんですよ。

「よーし、誰もやらないからオレが作ってみる」てんで、やったんでしょう。

プラチナの避雷針なら一本、一〇〇万円は下らない。プラチナや一八金の避雷針は雷を誘導するんですよ。クロムやステンレスの比じゃない。ともあれ、そのおっさんは一〇〇万以上のプラチナの針を屋敷の屋根に五本も取りつけたらしい。それだけで五〇〇万。ただ、ケチなんだ、おっさんは。プラチナの針を取りつけるのにフリッパーで、ぱちんぱちんと切ったら、切りくずが飛び散るわけだ。おっちゃん、金持ちで威張りくさってるくせに、プラチナの切りくずを必死で集めてたっていうんだから、いい笑い話だ。

ここにあるように、野波は避雷針の交換で儲けたけれど、本業は煙突の解体である。日本中に立っている煙突を壊して、解体処理している。

「煙突の解体ってのは、いったい、どんな仕事だ？」

普通の人はそんな疑問を抱くだろう。

誰もが煙突の存在を知っている。工場地帯で見かけたことはある。しかし、それを解体する専門の人がいることはほとんどの人は知らない。

現在、日本には無数の煙突が立っている。発電所、製鉄所、製紙工場、化学工場、紡績工場、ごみ焼却場といった一〇〇メートル級の煙突を備えるところから、酒造会社、醤油工場、公衆浴場、一般家庭の煙突に至るまで、数を算定するのが不可能なほどたくさんの煙突がある。

煙突とは煙、ばい煙を高空に吐き出すための筒である。材質は主に鉄筋コンクリートあるいは鋼管製だから、一〇年や二〇年は何の問題もなく使うことができる。ただし、工場から排気される煙の温度は想像以上に高い。長い年月、筒のなかを高温の煙が通過していくと、鉄筋コンクリートはもろくなっていくし、鋼管は変形したりする。そこで、耐用期限が過ぎたら、解体して、新設しなくてはならない。

これが三〇年ほど前までなら、解体は簡単だった。住宅が密集しているところは別として、煙突にロープをかけて引き倒してしまえばよかった。ところが、いまやそんな真似をしようものならたちまち環境団体が押し寄せてきて、企業の存続そのものを問われてしまう。

もはや「煙突を引き倒す」なんてことは不可能となり、そこで、煙突解体の名人、野波繁幸の出番となったのである。

二五〇メートル上空で揺れながら働くということ

冒頭でも書いたけれど、サービス業とは幅の広い業種だ。レストランのウェイター、ウェイトレスやタクシー運転手といった接客業だけではなく、壊れたものを元に戻す修復する仕事もまたサービス業なのである。医師、マッサージ師、クリーニング、洋服のかけはぎ、ズボンのすそ上げ、すり減った靴の直し、家電製品の修理、絵画の修復……、世の中には調子の悪いものを元の状態に戻すというサービス業がいくらもある。

野波がやっている、煙突の解体もまたそのひとつだ。壊れて倒れそうな煙突をそのまま放っておくのは危ないから、彼が敢然とのぼっていき、ハンドブレーカー（削岩機）でコンクリートの塊にして地上に下ろす。引き倒せなくなってから、煙突解体は手間がかかる仕事になったのである。だから、彼はつねに煙突の上にいる。職場は空の上だ。ボロボロの煙突にのぼることで、生活を支えている。

とても危険な仕事だから、家族のために悲壮な決意を固めているのかと、最初、私は思った。涙ぐましい美談だと信じた。ところが、実際に会ってみると、野波は嫌々、煙突にのぼっているのではなく、嬉々として梯子をのぼっていることが伝わってきた。

――とび職と同じ仕事ですよ。あっちはビルを建てるために足場を組んで高いところにのぼる。こっちは煙突をぶちこわすために足場を組んでのぼっていく。ビルか煙突かの違いだけですよ。オレはもう四〇年はやってる。いちばん高い煙突で二五〇メーターだった。横から風が吹いたら、一メーターは揺れる。両方に揺れるから、煙突のてっぺんで二メーターずつ揺れながら仕事するわけよ。

「おー、今日はよく揺れるな」、なんてもんだ。素人は揺れるのが嫌みたいだね。同じ仕事をやっているやつでも、結婚前はのぼってくるんだが子どもができたらやりたがらない。三〇歳くらいまでは不承不承のぼってきたやつが、四〇歳の声を聞いたら、すぐに自分より若いのをのぼらせようとする。年を取ると、高いところはこわくなるらしい。それで、オレんところに仕事が回ってくる。

「社長、ひとつよろしくお願いします」というわけだ。オレは「おお、いったる。その代わり、ゼニ出せ」。

煙突の上にのぼるのに、そりゃワザはいるよ。でも、揺れる煙突の上に平然と立っていられるのはオレがバカだから。バカじゃなきゃ二五〇メーターの空の上で、揺れながら働くなんてできんよ。そんなバカ、日本に何人もおらんでしょう。

不景気で職がないと言われているいま、生活保護をもらった方が楽だと考えている若者さえいる。しかし、いくら不景気であっても、まったく働くところがないわけではない。たとえば、野波がやっている煙突解体がそうだ。人手は足りていない。バカになって高い空の上で働く気さえあれば仕事はいくらでもある。

若者たちに言いたい。町に出て、煙突を見あげてみろ、と。あの上にのぼっていく気持ちがあれば仕事はいくらでもある。危険な仕事ではある。しかし、人に頭を下げる仕事ではない。晴れた日には気分がいいだろう。また、この仕事のいいところは日本だけでなく、世界でも通用することだ。中国、ロシア、ブラジル……、どこでも煙突はまだまだ立つ。新興国では、いまだに煙突を引き倒して処理しているかもしれない。しかし、いずれはどの国でも、引き倒すなんてことはできなくなる。だから、仕事は増える一方だ。どこへ行っても食える。就活に励んでいる諸君に知らせたい。どうして、君たちは煙突の上に行かないのか。なぜ、煙突解体にチャレンジしないのか。私はこの話は「職がない」「会社の内定が出ない」と嘆いている若者たちに捧げたい。

オレはバカだから高いところでも地面でいるのと同じ

野波繁幸。一九三九年、島根県大原郡加茂町大竹に生まれた。いまは雲南市に住居表示が変わっている。

──宍道湖の奥のちっちゃな山のふもとで生まれました。実家は百姓兼材木屋で、子どもの頃から木に登って遊んでた。高いところは好きだったね。中学に上がるか上がらない年から材木屋の手伝いで山を歩いてた。中学を卒業したらそのまま材木屋の手伝いをしてたけれど、だんだんバカらしくなってきた。材木を切って、運ぶだけの仕事で、いつまで経っても一人前になれないと思った。それで、一八の時に名古屋の東レに入ることにした。年は食ってたけれど集団就職だった。

東レの工場では四年半いたが、最初はナイロンの製造ラインですよ。それからボイラーか。その後、研究所に配属されてそこでは勉強と柔道が仕事みたいなもんだった。東レの技術は当時から進んでいて、いまの炭素繊維も初期の研究をやっていました。研究所といっても働くのは大卒ばかりとは限らない。中卒も高卒もおる。仕事させようと思ったら、中卒や高卒に化学を教えにゃならん。それで、僕ら毎日、勉強ばかりしとった。それと柔道でした。まあ、月給をもらうと、悪いところへ遊びに行くわけだが、「いい若いもんが遊んでばかりじゃダメだ」と怒られて、工場のなかの道場で柔道の稽古をすることになったわけよ。最後は二段までいったが、煙突解体では柔道をやっていてよかった。僕らは煙突やビルから落っこちるでしょう。安全帯はしているけれど、それでも落ちることはある。そんな時、足から落ちていったら、絶対に骨折する。柔道の受け身を使って背中からくるっと落ちると怪我をしないんだ。猫が屋根から飛び降りるのと同じだ。

ビルの上から落ちるのでも、だいたい、三階か四階なら助かるよ。足から降りようと思わず、地面に着地する時に受け身をすればいい。だが、素人にはちょっと無理かも知らん。オレなんか何度も落ちてるから、もう慣れたけれど。

東レにいた頃、実家の材木屋がつぶれた。兄貴がやっていたんだが、人が好いから他人に騙されたんだな。その後始末で呼び戻されて、なんだかんだで二年くらいはいたかね。実家は金がないから小遣いもない。それで、地元の職安に行って失業保険を請求したら、当時は仕事がいくらでもあったし、若い人材が欲しかった頃だから、なかなか失業保険をくれんのよ。

「お前のようないい若いもんが何を遊んでる。何でもいいから仕事をしろ」

それで、二五歳の年に今度は神戸の港の近くにある川鉄(川崎製鉄 当時)の製鉄所へ働きに行った。

金にはなったけれど、キツイ仕事だよ。溶鉱炉に鉄鉱石、マンガン、シリコンをスコップで放り込む。八時間ずっと溶鉱炉の前で作業する。立ってるだけでも温度は一八〇度の世界。目の前で鉄がドロドロ溶けてる。メガネをしている目の周りは焼けないけれど、顔は火傷と火ぶくれだらけだった。いまはみんな、面をかぶってるけれど、オレがやってた当時はメガネしかなかった。だが、人生はよくできてる。川鉄の溶鉱炉の仕事もいまは役に立ってるわけだ。解体する時に一応は冷やしてから取りかかるんだが、それでも煙突は熱を持ってる。そんな時、川鉄の溶鉱炉を思い出すんだ。ナニ、溶鉱炉に比べれば煙突の熱なんて大したことはないと思えばいいわけだ。

しかし、これまた長くは続かないんだよ。毎日、火傷ばかりでしょう。命を張ってるようなもんだから、ばからしい、やってられへんな、と。同じ命を張るのなら、ゼニになる仕事にしようと会社をやめた。

溶鉱炉の仕事を二年でやめた野波は手配師になった。大阪の西成に行ってアンコ（日雇いの労務員）を集め、工事現場に送り出す仕事だ。一九六八年頃である。東京オリンピックは終わっていたけれど、関西では七〇年に開かれる大阪万博を見越して、インフラ整備が大々的に行われていた。建設、土木、どこへ行っても仕事は無数にあった。

——いちばん多い時は一五〇人の人夫を使っていたね。元請けから金をもらって、人手を集める。それを道路造りの現場に連れていって仕事をさせて、終わったら胴巻きから労賃を配る。

手配師のコツは労務者が働くヤツかどうかを見分けることにある。トラックを運転していって、集まってる人夫に声をかけるんだが、見るところがあるのよ。ちゃんとメシを食ってるやつだけを載せていく。メシ食わないで酒ばっかり飲んでるのは仕事せんからね。人を見て、そいつがどれくらい仕事ができるかは手配師をやっていて、わかるようになった。これまでいちばん役に立ったのはそれだな。だって、煙突にのぼる時、口だけの奴と一緒に仕事できんでしょう。オレはいいけど、そいつがぶるぶる震えて落ちていったら、オレの責任になるんやから。

アンコの連中からは「おやっさん」と呼ばれてたけれど、まだ三〇歳になっていなかった。金は持ってたけど、ケンカはしょっちゅうだし、後ろから刺されるかも知らんし、気は抜けなかった。

一日の仕事が終わって、金を払うんだが、後始末が必要なことがある。地面を掘るのに下手して水道管やらガス管を壊したりすることがある。そうすると、オレがユンボ（油圧ショベル）持ってきて、もう一度、地面を掘り返して管をつなげなきゃならん。それくらいのことができないと、人の上に立つ仕事はできん。

まあ、手配師の頃はいろいろあったよ。

おかしなやつから「入れ墨を入れんか」と誘われたりね。入れ墨を入れて、オレを手下にしようということやね。自分の思い通りに使うために、入れ墨を入れさせる人間もおるんだ。だが、ワシは入れん。あれはね、若いうちはいいよ。肌が張っとるから。でも、年取ったらみじめなもんだ。しわがよるしね。背中に般若を彫ってたのがいたけれど、年を取って久しぶりに会ったら、そりゃあ、みじめなもんだった。般若の顔がつぶれて赤ちゃんみたいになってね。可哀そうなもんだった。

三〇歳前後まで、彼の人生に煙突は登場していない。しかし、いくつかの経験は煙突の解体に役立つこととなった。

子どもの頃から木登りばかりしていたので、高いところでも足がすくむことはなかった。材木屋で働いていた時に、木を切り倒す技術を学んだため、煙突を引き倒す時はその技術を応用することができた。製鉄所では高温の環境で働く経験を得た、柔道の稽古では受け身を体得した。どちらも高温の現場、高所の現場で働くには必須のノウハウだ。加えて、手配師をやったことで、人を見る目ができた。日雇い労務者を相手に現場のリーダーとしての素養を積んだのである。

また、彼はあけっぴろげな人である。「女遊びばかりしてたから、女房には頭が上がらん」と平気で言う。部下にはがみがみと文句をつけるけれど、言ったことはやる。途中で投げ出したりはしないから依頼主は安心できる。

「金はきっちり取る」と言いながらも、相手(元請け)が損をして受注しているとわかれば安い金額でも仕事に取りかかる。そんなわけだから、彼の元へ仕事を持ち込んでくる人が後を絶たないのだろう。

さて、労務者の手配をやっていた彼にひとつの仕事が舞い込んできた。大阪万博の年、一九七〇年のことだった。

——ある日、仕事仲間が「煙突の修理できるか」と聞いてきた。京都のそうめん屋が工場を持っていて、四〇メーターの煙突が立っていた。鉄筋コンクリート製で、てっぺんと真ん中のところにヒビが入っているという。解体でなく、修理の依頼だったわけ。

やったことはなかったけれど、「そんなもん簡単や」と言って、ひとりで出かけていった。手伝いはそうめん屋の従業員に頼めばいいと思ったのさ。

当時もいまも煙突の修理は壊れているところに鉄のバンドを巻くことさ。煙突の横についてる梯子をトントンとのぼっていって、鉄のバンドをかけて、締めてくればいいだけだ。てっぺんのところはハンマーで頭を飛ばして、これまた鉄のバンドを巻けばいい。地上でコンクリの土管に鉄のバンドを巻くのと同じことだから、オレなんかにとってみればお茶の子さいさいの仕事よ。

だがね。その時、わかった。そうめん屋の若い衆は四〇メートルの煙突に上がると、ぶるぶる震えて仕事にならんのよ。地上ばっかり見てて顔は真っ青だった。だが、それが普通なんだな。普通の人は高いところに上がったら、日ごろの力が出ない。オレはバカだから、高いところでも地面にいるのでもおんなじ動作ができる。よく言うでしょう。地面に引いた白線の上は歩けるけれど、ビルとビルの間に張ったロープの上を歩くのは難しい、と。あれと一緒。オレがやってる仕事ができるかどうかの基準はひとつだけだ。高いところに上がっても地上と同じ力が出るかどうか。それだけだ。

本人が言うように、煙突解体をやれるかどうかの分かれ目はこの点にある。野波は地上に引いた幅一〇センチの白線を歩くのと同じように、地上二五〇メートルの煙突の上にひとりで立てるのである。一方、普通の人はそれができない。当たり前だ。初めてだったら、誰もができない。しかし、できるようになる方法はあるはずだし、事実、野波は自分の後を継ぐ長男には高所で動じないコツを伝授している。

――普通の人は高いところに上がると手足が動かなくなる。身がすくむという状態になる。スポーツをやってる人は多少、違うよ。上手じゃなくてもいいけれど、スポーツをやっていれば力の抜き方がわかるから、高いところでも動けるようになる。要は、高いところにのぼっても力まないことだね。あとは、あれ、バンジージャンプってあるでしょう。あれをやったらどうかな。うちには息子がふたりいて、ひとりはうちの会社の専務だけど、ふたりとも子どもの頃から喜んでジャンプしてた。やっぱり、オレの子なのかな。スポーツをやる、バンジージャンプで度胸をつける、あとは平衡感覚。平均台の練習じゃないかな。練習してれば高いところでも身体は動くようになる。

想定外の事態にどう備えるべきか

野波が語った「高所でもひるまずに身体を動かせる」能力は、ビジネスマンにも必要な能力と言い換えることができる。なぜなら、高所でもひるまないとは、非常の事態に遭遇しても、普段と同じような判断ができることに通ずるからだ。ビジネスをやっていれば必ず、「まさか」と思う瞬間がある。想定外の事故が起こったり、同僚が欠席して、ひとりで立ち向かわなくてはならないことが起こりうる。そんな時、平静に普段通りに判断して、行動できるかどうかがビジネスマンの価値を決めるのである。

野波の仕事は特殊だ。特殊だから、一般人の参考にならないように思われるけれど、高所でも地上と同じように力を出すコツだけは聞いておいても損にはならない。

――そうめん屋の仕事を持ってきた男がその後も煙突の修理や解体の口を持ってくるようになった。煙突は築造といって、造る際も専門の工事業者がいる。ゼネコンが工場全体の建設を請け負うと、煙突についてだけは専門業者がやる。普通は解体時も専門業者がやることになっているんだが、人手が足りないから煙突の修理で名前を売ったオレに話が回ってくるわけだ。

煙突の解体を始めた当時はまだ引き倒してよかった。木を切り倒すのとやり方は一緒。まず、根元をVカットする。ハンドブレーカーで、V字形に切り込みを入れ、鉄筋はガス切断機で切り取る。ワイヤーで煙突の方向を調節して、空き地にどーんと倒す。根元の切り方で倒す方向を決めるわけさ。風が強い日は解体はできない。

念のため煙突の頭にワイヤーをかけておけば変な方向へ倒れることもない。ただし、下手くそな奴は早く倒してやろうと、ユンボでワイヤーを引っ張る。そうやって無理やり倒そうとしたら事故になるよ。あくまで根元にどのくらいの切り込みを入れるかが技術だから、無理やり引っ張ってもなかなか倒れない。

倒れる時はすごいよ。角度にして四五度まではゆっくりゆっくり動いていくのが、それを過ぎるとすごいスピードで地面に向かっていく。最後はどっかーんって感じで、震度二くらいの地震になる。倒す時の迫力がすごいから、解体というと、わざわざ見に来るやつ、たくさんいましたね。オレはいつも煙突の根元に立っていた。根元がいちばん安全だから。

引き倒すのが主流だったんだが、一九九五年に事故が起きたんだよ。あるゼネコンが一五〇メーターの煙突を倒した時、破片が飛んで、近所のマンションの窓ガラスを割ったわけ。

いったい、どうして破片が飛んだのかと尋ねたら、こんなことを言っていた。

「クッションにしようと地面に砂利を敷いて、その上に倒した」

アホですよ。アホ。引き倒す瞬間ってのは爆発なんです。砂利の上に倒したら、砂利が飛び散るに決まってるでしょうに。なんで、そんなことがわからないのかねえ。机の上で考えたら、いいアイデアだと思ったんでしょう、きっと。

バブルの前後から町の風呂屋の煙突を解体するのが増えた。銭湯に行く人が減ったし、風呂屋は商店街のいい場所にあるでしょう。マンションに建て替えるために廃業する人が増えたんです。それで「風呂屋の煙突を解体してくれ」という依頼がたくさん来るようになった。風呂屋の場合、密集地にあるから引き倒すわけにはいかない。上から順々に壊していって、コンクリは煙突のなかへ入れていく。普通は煙突のまわりに足場を組む。全体を足場で囲んでシートを張って、破片が飛び散らないようにして、ハンドブレーカーで壊していく。だが、それだと時間とカネがかかる。風呂屋はなるべく早く壊してくれというから、足場を組まなくていいような方式を考えついたんだ。

まず、鉄のバンドを周囲にかける。バンドと煙突の隙間に梯子の先っぽを差し込むと、その上に立つことができるんよ。ちょうど鳥の巣みたいな感じで。梯子を三つくらい差して、三人で上に立つ。シートは上から垂らす。そうして、煙突を内部から突き崩していって、下へ降りていく。足場を組む手間がかからないから、二週間かかるところが四日くらいで仕事が終わる。頼む方は喜びますよ。ただし、いまはもう、そのやり方は危険だからできません。

煙突をくずす時は、内部から叩いていく。丸い構造物は外側が径が大きい。内側は小さい。内側の方が強度があるから、内部から外に向かって叩けば、簡単に壊れる。それに、煙突の内部は熱で焼けてるからぼろぼろになっている。

煙突全体がぼろぼろの時があるから、その時は周囲に足場を組まないとダメ。ただ、風呂屋の煙突はだいたい一八メーター。半分から落ちたって何のことはないから、気楽だね。

野波はバブルの頃、「さんざん儲けた」。煙突の解体と避雷針の取りつけでフル操業が続き、社員を二〇人も雇って、現場から現場へ移動する毎日だった。酒は一滴も飲まないし、賭け事もやらないから、お金を使うことといえば「女房に怒られること」ばかりだった。

「人のやりたがらないこと」をやれ

二一世紀になってから、野波が気づいたことがある。鉄筋コンクリートの煙突が鋼管製に変わってきたことだ。鋼管ならば立てるのも容易だし、壊すのも簡単である。

――もう三〇年以上も煙突を壊しているから、四〇〇〇本くらいはやってるんじゃないかね。いちばん高いのは二五〇メーター。火力発電所の煙突。それほど大きいのはめったにない。原子力発電所の煙突ものぼったことあるけれど、あれはふだんの運転の時でも放射能が出てる。身体にいいわけがないから、やらない方がいいんだ。

鉄筋コンクリートだけでなく、鋼管製が増えているね。鉄鋼会社さんにしてみれば煙突の鋼管なんて儲からないから、昔はあまりやらなかった。だが、鉄の値段も下がってきたから、煙突にも進出してきたんじゃないか。鋼管製は解体の手間がかからない。ガス切断機で切り取って、煙突の内部へ落とせばいい。ただ、相当に熱を持っているから冷えてからでないと仕事にならない。切断機で切る時にはチェア型のゴンドラに乗るか、もしくは煙突に梯子を溶接して、その上に乗る。鋼管の方が作業は楽だね。

本来、煙突の役目は排ガスを大気中に逃がすことです。濃い排気は少しでも煙突を高くしてその上から空にばら撒く。ただ、最近は排気を少しはきれいに（清浄に）してから空気中に逃がすという方向に変わってきて、煙突の形も変わってきている。太くて高さのある煙突を一本立てるのではなく、細くて低い煙突を束にするところが多い。根元に排気をきれいにする装置をつける。それが一般的になってきた。ただし、発電所とか大きな工場はやはり高い煙突が必要なんだな。

バブルの後になるけれど、少しでも効率よく解体するために一五〇〇万円かけて機械をこしらえた。市販のユンボの動輪と運転台を外して、鉄製の架台をつけた。煙突の上に載っけて、ショベルで煙突をはさんで壊していく。人間がハンドブレーカーで突き崩すよりも効率がいい。短時間で壊すことができる。ただし、ユンボをそのまま煙突に載せるのはダメなんです。煙突の上で運転台に人間が上がるのも法的に無理。それで、架台に載った人間、つまりオレだけれど、オレがコントローラーでショベルを操作する。真似する奴はいないよ。煙突の上で大きな機械を操作するなんて、怖いから誰もやらない。

うちの会社は正社員が三人だけれど、仕事の度に人を集めてくる。集めてきた従業員も一緒に煙突にのぼって仕事をするわけだが、オレよりも梯子を上るスピードが遅い。やっぱり怖いのよ。だからといって、どんどんのぼってきてしまう奴もダメなんだ。かーっときて、舞い上がっているから何をしでかすかわからん。

地上にいる時とまったく同じ気持ちで同じように仕事ができる人間がいれば成功は約束されたようなものだ。だが、地上二五〇メーターで平常心でいろと言っても、できるのはやっぱりバカだけ。バカじゃないとできない。

いま、明確な意見を持って社会に発言している経営者を考えてみよう。ユニクロの柳井正、ソフトバンクの孫正義といった創業者、もしくはトヨタの張富士夫のような海外に駐在して苦労した経営者のどちらかしかいない。創業者、海外で苦労した経験を持つ人、いずれも、普通ではない状況を自分の力で乗り切った人々であり、いわば、困難な状況下でもひるまず臆さず、平時と同じ判断ができた人たちである。

サービス業の人間だけでなく、日本のすべてのビジネスマンに必要な力とは、困難な状況下でも普通に仕事ができる強いハートを持っていることではないか。東日本大震災の時、客や社員を置いて遠いところへ逃げていった経営者がいる一方、東京ディズニーランドではアルバイトの係員がちゃんと客を避難させた。危機の際に力を発揮することができれば平常時の仕事など、恐れることは何もない。サービス業に限らず、危地にいても普段通りの思考と行動ができることが本当の人間の実力で、野波繁幸は本当の力を持っているから、これまでやってこれたのである。

野波は時にハチャメチャな言動をする。自分の持っている技術がいちばんだと過信しているところがなきにしもあらずである。上司にすると、がみがみと文句ばかり言ってくる嫌なタイプだろう。しかし、彼の最大の長所は人がやりたくない仕事を自信を持ってやること。人が自分の力を発揮できない環境で、平然と仕事ができることだ。私たちが彼に学ぶことは、世の中には修復サービスという仕事があること、そして、人がやりたがらない仕事で自力をつければ、収入も見込めるし、失業の恐怖におびえなくともいいことだ。

――忘れられない仕事は二五〇メーターの煙突にのぼったことでもないし、原発の煙突でもない。富士市の製紙工場の煙突だな。バブルがはじけた頃だから、二〇年以上も前のことになる。製紙工場の古い煙突を壊す仕事だった。あれはレンガでできたボロボロの煙突やったね。仕事始めて、上から壊していって、四〇メーターの高さになった時、元請けから「野波さん、ちょっと話がある」と呼ばれた。

「サンタクロースやってくれんか」

「どういうわけか？」って聞いたら、一二月二四日に施設の子どもを集めて式典をやりたいと市長が言いだしたのよ。それで、市長がサンタクロースの衣装を着て、煙突の下で子どもたちにプレゼントを配るというんだ。

ええ話やないか。じゃ、オレは何で呼ばれたかと聞いたら、「野波さんはサンタクロースの格好して、煙突の上にいてほしい」と。その格好で、煙突にもぐりこんでほしいというんや。そりゃ、渋ったが、最後は製紙工場の工場長まで出てきたから、「わかった」と言ったよ。むろん、タダさ。

クリスマスイブの午後四時。ひとりで煙突の上で待機してたよ。サンタの格好して、白いひげつけて、袋を担いで。

寒くて、鼻水垂らしながら、いまかいまかと待ってたら、楽団が大勢、音楽を鳴らしだした。

あれは「サンタが町にやってくる」と「ジングルベル」だったか。

施設の子どもたちは三〇〇人はいただろうか。煙突の下に集まっていたね。

「音楽がバーンって鳴ったら、野波さんは煙突の上に出てきて、子どもに手を振ってくれ」

その通りやって、挨拶して煙突のなかに入った。オレの役はそれで終わり。少し時間が経った後、市長が下から出てきて、子どもたちに手を振って菓子か何かをプレゼントししたわけだ。

オレはね、素早く着替えて、あとは式典の様子を見ていたんだよ。誰もオレがサンタクロースだなんてわからんかった。

そして、子どもの様子を見てたら、おかしいんだ。何人か泣いてる子どもがおった。どうしたと聞いたら「菓子がもらえなかった」という。子どもには要領のいいのもいれば悪いのもいるでしょう。施設の子だけでなく、近所のガキどもも来ていたらしくて、そいつらが菓子を持っていってしまったというんだよ。施設の子のなかには足が悪い子もおったから、菓子にありつけなかったわけさ。

「ちょっと待て」とオレは帰り支度をしていた市長を呼びとめた。

「かわいそうやないか。菓子くらい、すぐ段取りしてもう一回、配らんか」と。市長はすぐ部下にああだこうだと指図して、菓子を買いにやらせたね。そうだよ、あん時は菓子をもらった子ともらってない子がおったんよ。

このように、野波は金にはシビアだけれど、時には人情を見せることもある。

「えんとつ解体業者」野波繁幸に学ぶチェックリスト

- □プロは誰もやりたがらない仕事を引き受ける
- □プロは仕事の報酬をシビアに要求できる
- □プロは不景気で仕事がないとは考えない
- □プロは「まさか」の瞬間でも冷静に仕事ができる
- □プロは弱者にはやさしい気持ちになれる

第四章

保育園業界トップクラスに躍り出た「革命児」の哲学

保育園業界トップクラスに躍り出た「革命児」の哲学

朝、自転車をこいでいるお父さん、お母さんに出会う。後ろには帽子をかぶった小さな子どもがちんまりと座っている。その子が私服を着ていたら、まず保育園児である。お父さん、お母さんは保育園に立ち寄ってから会社へ行く。

保育園は幼稚園と違って、働く親が子どもを預ける施設だ。預かる時間は長く、朝の七時過ぎから、園によっては夜の七時、八時まで延長保育で子どもを預かる。保育の期間も長い。子どもによっては、ゼロ歳から五歳までの六年間、通う。おむつをして、ハイハイしていた赤ん坊が自分の名前をひらがなで書くようになるまで育てるのだから、保育士にしてみれば園児は自分の子どものようなものだ。

ひと昔前まで、保育園というと片親の家庭の子ども、収入が少ない家庭の子どもが頼る福祉施設というイメージがあった。だが、女性の社会進出が進み、働くお母さんは当たり前になった。加えて、いつまでたっても景気が好転しないから、家計を補うために母親が職に就く家庭も増えてきた。保育園のニーズは高まる一方なのだが、施設はすぐには増えていかない。都市部では待機児童と呼ばれる保育園に入園できない子どもたちが大きな問題となっていて、お母さんたちがプラカードを持ってデモをする事態になっている。

全国的には少子化が進んでいるのだが、都市部に限ってみれば保育園は成長産業となっているのである。ただし、長期的なスパンで考えると、いずれは都市部にも少子化の影響が出てくる。保育園経営者はマーケットの推移を眺めながら、子どもと働く親のニーズに応えていかなくてはならない。

そして、保育園は働く親を支える後方基地である。

「子どもを遊ばせてるところだろ」と、せせら笑っているビジネスマンは意識が低い。日本経済の行方は一にも二にも子どもの保育にかかっているのである。

さて、そこでコビーアンドアソシエイツという会社の話になる。同社は全国に一六の認可保育園を持ち、他に病院内保育施設が一か所、加えて、子ども向けのサッカー、ピアノ、英語スクールなどを併営している。株式会社組織で従業員は三九九名。うち保育士は三〇五名だ。売り上げは一一億円で、保育園業界ではトップクラスの規模である。そして、コビーが運営している保育園は従来のそれとはかなり違ったものである。たとえば東京都目黒区上目黒にある認可保育園「コビープリスクールかみめぐろ」をのぞいてみよう。入退室はＩＤカードで厳重に管理されている。そこではＩＤカードに限らずＩＴが利用されていて、運動会などの行事で子どもたちを写した写真の代金はすべて電子マネーで徴収される。

入り口のドアを開けるとシティホテルのような落ち着いたインテリアのフロントがあり、事務の女性が座っている。子どもたちが食事を摂る部屋には調理室が隣接しており、ガラス越しに立ち働く料理人の姿を見ることができて、さながらテレビ局のキッチンスタジアムだ。昼寝する部屋には調光機能のついた照明が備えられていて、子どもはすやすやと寝息を立てて熟睡できる。給食で使う食器はプラスチック製ではなく、すべて陶器とガラス製。メニュー、レシピを担当しているシェフは元銀座東急ホテルの総料理長だった人間。一般の保育園よりも設備に金をかけ、利用者である子どもにとって快適な空間となっている。

同社の創業者で社長を務める小林照男は巨漢だが、顔はこわくない。赤ん坊のように笑う。笑いながら、彼はこう語った。

「これまでの保育園は福祉の提供でした。しかし、私は保育サービス、福祉サービスだと考えています。利用者のためのサービスを徹底して保育園を運営しています。つねに、子どもの目線、保護者の目線に立って、いいサービスとは何かを考えることが日課です。ただ、私があまり保育サービスと強調するから、業界では評判がよくない。

うちの保育園では園長はスーツ、保育士はユニフォームを着ることになっています。私がユニフォームを導入しようと提案した時、保育士から『社長、ジャージにエプロンの方が動きやすいし、汚れても構わないじゃないですか』という意見が出ました。

怒ったんです、私は。いったい何を考えているのか、と。子どもにとって、保育士は大人の見本です。大きくなったら先生みたいにかっこよくなりたいと思わせなきゃダメなんです。大きくなったら先生みたいなヨレヨレのジャージを着たいなんていう子どもはいません。きちんとした服じゃなければダメだ」

コビーがやっているのは設立の審査が厳しい認可保育園だ。そこでは利用者が直接、料金を払うのではなく、地方自治体が公費で払う。利用者は一部負担する仕組みとなっている。園にとってみれば金をくれるのは自治体だから、どうしても、そちらを向いてしまうところも出てくる。だが、小林は利用者のためのサービスを追求している。

また、認可保育園は公費だから確実に収入を見込める。儲けようと思ったら、設置基準に合格した施設で慎重に保守的に運営していくのがいちばんだ。けれども、小林は「世の中はそんなに甘くない」と考えている。

「保育の料金は一律です。建物や給食の内容をよくしたからといって、お金を取れるわけではない。何もやらないのがいちばんいいかもしれない。しかし、いずれは子どもの数は減ります。必ず保育サービスの質を問われる時代がやってくる。その時に支持されるためにはいまから保育環境を整えておかなくてはならない。そして、僕が親だったら少しでもサービスや保育の質がいい保育園に子どもを入れたい。やっぱり利用者なんです。利用者のための園でなければ生き残れない」

旦那の浮気を相談されるようになったら一人前

小林照男は一九六九年、千葉県野田市で生まれた。母方の祖父は大師山報恩寺という大きな寺の住職で、戦後、児童福祉法ができた後、地元の町長から頼まれて境内に保育園を開設した。住職の娘だった小林の母、典子《のりこ》は保母さん(当時)だったため、彼自身も二歳で、お寺の保育園に入った。

「大師山保育園に子どもを預けていたのは農家の人が多かった。僕は母親を小林先生と呼んでいたんです。母は厳しい先生として有名で、姉と僕はいつも怒られる役だった。しかも、母親は園児が優先。姉と私よりも園児の世話が大事だった。うちに帰ってくるのも遅かったし……。一度、姉は母親が嫌いだと言いました。子ども時代にあまりかまってもらえませんでしたから、姉の気持ちもわかります。私は卒園してからも母の手伝いで保育園に行っていました。運動会のグラウンド整備をしたり、園児の遠足の時には荷物を持ったり……。高校生になっても夏休みは園児と一緒に山登りです。友だちが女の子と遊んでいる時に子どもたちの弁当を担ぐ役なのですから。将来の仕事を考えるようになりましたが、保育の仕事だけはやりたくないと思った」

戦後すぐから昭和三〇年代、四〇年代はまだまだ働く母親が少なく、「保育園に子どもを預ける」親に対して偏見の目を持つ人が少なからずいた。親の方も引け目を感じ、こっそりと子どもを預け、何度も何度も頭を下げていくのだった。小林の母、典子はそうした母親の気持ちがわかっていたから、仕事の後、母親が引き取りに来たら、お茶やコーヒーを出して話をした。

「さあさ、上がっていって、急いで帰らなきゃいけないんだろうけれど、ちょっとの間だけゆっくりしていって」、そう言いながら、典子は母親たちから子育ての苦労をじっくりと聞いたのである。母親たちにとっては典子から子どもの様子を聞くことが喜びであり、また同じ境遇にいた母親同士と仲良くなることは沈みがちな心を明るくすることにつながっていった。こうして、典子先生のサークルは絆を深めていき、働く母親同士が協力して子どもを育てる体制ができていった。

小林は思い出す。

「母親にいい保育士ってどういう人のことって聞いたことがあるんです。おふくろはこう言いました。

『あなた、子育ての相談を受けるのは当たり前。そんなの当たり前よ。それより家庭のことを相談される存在にならなきゃね。旦那の浮気を相談されるようになったら一人前。保育士として信頼されている証拠』

息子の私も保育の仕事をして時間が経ちましたけれど、旦那の浮気を相談されることって、まずないんですよ。だから、うちのおふくろはすごい。保護者から家庭のことは何でも相談を受けていたし、おふくろも保育園の子どもはみんな自分の子だと思っていた」

母の仕事を横目で見ていたけれど、彼の夢は保育園を経営することではなかった。小林はミュージカルの制作に携わりたいと思い、日本大学芸術学部を受ける。しかし、二年続けて落第。窮した彼が打開策として思いついたのがアメリカ留学だった。

「ちょうど姉がケンタッキー州に留学していたので、うちの一家は、ホストファミリーと家族ぐるみで親しくしたんです。それで私も同州にあるウエスレアン大学に入りました。アメリカ南部の日大って感じでしょうか。教育学と会計学では実績のある大学です。当時はアメリカの大学を出て、独立、起業することしか考えてなかった。会計士の資格を取って企業の現場で勉強して、いずれは自分で会社を興そうと思っていました」

一九九五年、卒業した彼は地元の会計事務所に就職が決まった。当時、トヨタがケンタッキーに進出していたため、会計事務所は日本語のできる学生を探していたのだった。だが、物事は簡単にはいかない。内定した翌日のこと、日本にいた母、典子から緊急の電話が入った。

「お父さんが倒れた」

「母からすぐに帰ってこいと言われました。悔しかったですよ。よし、自分はこれからだ。アメリカで苦労して大学を出て、やっと将来が見えたと思ったのに……。当時、結婚しており、家内とふたりで暮らしていたんですが、悔しくて、酔っ払って大暴れした。ガラストップのテーブルをたたき割ってしまい、以後、うちではガラスのテーブルは買ってません」

小林はアメリカから帰国、父親が入院していた病院にかけつけた。

「ところが父はあっという間に元気になってしまいました。肺気腫だったけれど、死ぬほどの重病じゃなかったんです。すると、私にはやる仕事がない。ブラブラしているくらいなら仕事を手伝えと園長をしていた母に言われました。いまから思えば母は私に保育園をやらせたかったんじゃないでしょうか」

当時、典子は大師山保育園から独立し、柏市に六〇人定員の保育園をつくっていた。保育士の資格を持っていない小林がまかされたのは子どもたちの世話ではなく、園庭の整備、園舎の補修、給食の後の食器洗い、汚れ物の洗濯といった雑務だった。

「せっかく勉強した英語も会計の知識もまったく役に立ちません。来る日も来る日もグラウンドを整備したり、渡り板をデッキブラシでごしごしこするだけ。しかし、現場の経験はその後、役に立ちました。保育園の経営にとっては環境の整備は大切ですし、園舎の構造を知らなければ新しい建物を造る際、建築会社に指示することができません。給食だってそうです。自分が台所にいないと、子ども向けの味つけなんてわかりません。雑務や掃除をやっていたからこそ、保育園とは何かがよくわかったのです」

小林は空き時間を利用して、日本の保育マーケット及びその将来性を調べてみた。すると、保育産業が成長していることがつかめたのである。彼が帰国した一九九五年はバブルが崩壊した後だ。景気は悪化し、家計を支えるために働きに出る母親が増え始めた時期でもある。小さな子どもを預かる保育園の必要性は高まる一方だった。

小林は起業を決め、「新しい形の保育園をつくる」と母に宣言した。母親が園長をしていた園を継ぐのではなく、銀行から融資を受け、足りない分は自分で金をかき集め、一九九八年、千葉県野田市に小さな園をつくった。ただ、当時は自治体の直営もしくは社会福祉法人だけが認可保育園を運営できたので、彼がつくったのは認可外のそれだった。園児数は六人。うちふたりは彼の子どもと姉の子どもである。それが彼の原点「コピープリスクールのだ」である。

「都市部で保育マーケットが拡大していくことは確信していました。そして、利用者のニーズも多様化していくだろうと。だから、利用者の立場に立って、親身な保育サービスを提供しようと思ったのです」

利用者の立場に立つことは普通のサービス業では、わざわざ口に出すのも恥ずかしいくらい当たり前のことだ。ところが、いまでも教育、保育、介護といった世界では「サービス」と表立って表明する人は少ない。「福祉」とか「人助け」と言っている方が波風が立たないのである。

小林はそういった風土の業界に経営感覚を持ち込んだ。ひとつの園の園長になろうと思ったわけではなく、保育サービスを提供する普通の経営者を目指したのだった。

ひとこと「ちくしょう」と吐き捨てた

「私が始めたのは認可外だった。園舎も小さく、園児数も少なかったから基準を満たせなかったけれど、あの頃は認可外だからこそ小回りの利くサービスができたのです。たとえば、お父さんが働いていたけれど、病気で倒れてお母さんが勤めに出なきゃいけない。子どもを預けなくてはならない……。しかし、認可保育園はすぐには入れてくれません。私はそういった家庭のお子さんを預かりました。保育料が払えないという親御さんがいたら、待ってあげたこともあります。開設した時から福祉でなく、福祉サービス、保育サービスを提供しようと思いました」

最初から陶器の食器を使い、建物のデザインにもこだわり、子どものために少しでもいい保育環境にした。

「世の中のほとんどの保育園は壊れないプラスチックの食器を使います。効率的で安いから。家庭も同じです。赤ちゃんが生まれるとプラスチックの食器を買う。障子が破れても、そのままに放っておく。家のなかにモノが散らかっても、どうせ汚れるからと掃除もしなくなる。でも、赤ちゃんをそんな環境で育てていいんですか。ちゃんとした陶器を使って、子どもが壊したら、本物の食器は壊れるんだと教えることが教育です。園舎だって、きれいなものにしておけば子どもは汚しません。子どものうちから本物とニセモノ、美しいものとそうでないものの違いを教えることが大切だと思うんです。ですから、うちでは最初から陶器で食事を食べさせています。

ただ、金はなかった。設備や食器にお金を回したから、うちの奥さんには開設から五年間は無給で保育士をやってもらいました。私自身の月給も最初の三年間は無給、その後は一〇万円。そのなかからちゃんと長男の保育料を自分の園に支払って……。夕食は家族で二八〇円の牛丼ばかり食べていた」

小林は園長だったけれど、給食も作り、子どもたちと遊び、園舎を修理し、渡り板をデッキブラシでこすった。雑用生活が長かったから、ちっともつらいとは思わなかった。そのうちに「コビープリスクールのだ」の評判が地域に伝わり、園児も増えていく。次の年には約二〇人、その翌年は三〇人と満員状態になっていた。

そうして仕事は順調に推移していったが、短期間で軌道に乗ったわけではない。保育は息の長い仕事である。評判はよくなっていたが、小林は内心、ひそかに悩んでいた。

「やる気は充分でした。保育に関するアイデアはいくつも持っていましたし、母親の園にいたベテランの保育士たちがいろいろ手助けしてくれました。しかし、何か足りないような気がして仕方なかった」

開園して九か月が経った。小林にとって大きな転機がやってくる。保育という仕事に導いてくれた母、典子が重い病で入院したのである。

「母はその前年にも手術でガンを除去していました。しかし、再発したのです。それでも絶対に戻ってくると病院へ行きました。気丈な人で、お腹が膨れ上がっているにもかかわらず、園と子どもたちのことばかりを言っていました」

入院中のことだった。典子の園で事件が起こった。父子家庭の父親が三歳の子どもを預けたまま失踪してしまったのだ。小林は自分の園を妻にまかせ、急遽、典子が不在の園に走った。失踪した父親の会社、警察にも連絡し、行方を捜したが、つかまらない。それでもなんとか、祖母が長野にいることがわかり、翌日に引き取りに来てもらう手配をし、三歳の子どもは小林の姉が一晩預かることになった。

「病院にいた母の元へ報告に行きました。夜中でしたけれど、母は寝ずに待っていました。就寝時間を過ぎていたから病室には入らず、点滴を腕にさしたまま暗い廊下のベンチにひとりで座っていました。

子どもは元気です。ご飯も食べさせました。風呂にも入れました。長野のおばあちゃんが明日、引き取りに来ますと報告をしたら、母は涙をぼろぼろ流し始め、ひとこと『ちくしょう』と吐き捨てたんです。

ちくしょうなんて汚い言葉を使うような人じゃありません。よっぽど悔しかったんですよ」

母親はベンチで泣き続けた。

「こんな身体でなければ、子どもにつらい思いをさせたりはしなかった。私がいけなかったんだ」

ベンチから立ち上がった母親は医師の元へ向かった。

「子どもたちが待っています。どうか、早く治してください」

小林は思い出す。

「衝撃でした。身体が震えました。保育は命を懸けなきゃいけないんだとわかった。保育は命を懸けてやる仕事なんです。私は甘かった。腹が据わっていなかった」

その後、闘病を続けながら典子は園長職をまっとうした。運動会にも出てきて、保護者の前で挨拶をした。

「みなさん、安心してください。私の悪いところはすべて切り取りました。もう元気です。

ですから、安心して子どもを預けて働きに行ってください」

だが、二年後、典子は亡くなる。

母から教わった「命懸けの仕事」

二〇〇〇年、保育所設置主体の制限が緩和され、株式会社でも認可保育園が運営できるようになった。地方自治体、社会福祉法人以外の法人も基準を満たせば運営ができるようになったのである。規制緩和のおかげで株式会社のコピーアンドアソシエイツは地元、野田市の公立保育園の運営を受託することができた。そして、「コピープリスクールのだ」も二〇〇六年には認可園になった。

「保育については小林代表から直接、指導されました」

そう言うのは三鍋明人、「コピープリスクールよしかわ」の園長である。彼はまだ三〇歳。園長といえば白髪でひげを生やしたおじいさんというイメージがあるが、コピーの場合は実力さえあれば若い人間を登用している。そのため三鍋くらいの年回りの園長が一七人いる。園長の年齢が若いと保護者の年齢と近いので、現実のニーズを素早く取り込むことができるという。

「私も小さな子どもがいます。親になってみて保護者の気持ちがよくわかりました。それまでは親から文句を言われたら、気持ちがつらくなったけれど、自分が親になったら細かいことでも言いたくなる気持ちを理解できます。ですから、私は保護者にはどんな小さなことでも伝えています。子どもが微熱だった、小さな切り傷をつくったといったことでも報告しています。情報が得られていれば親も納得すると思います。保育園の運営で、もっとも大事なことは保護者に情報を開示する態度です。

私の若さで園長をやることができるのは小林代表から厳しく叱られたからです。入社した一〇年前、コビーはまだ三園しかなかった。小林代表は毎日、園にやってきました。言葉遣い、服装、髪型……、目についたところから注意を受けた。私もまだ若かったから、ズボンを下げてはいたりしていたら、小林代表から『こらっ』と怒られた。

『保育士は子どもにとってはいちばん身近な大人なんだ。子どもたちから憧れを持たれるような存在でなくてはならないんだ』

それから髪型も服装もきちんとした格好をするようになりましたし、昨年、園長になってからは、毎日、スーツを着て朝のお迎えをしています」

コビーでは園長が現場のリーダーだから、三鍋は毎朝、お父さんお母さんから子どもを預かり、保育もする。おむつも替える。現場を知ることで自分の園の保育士の育成もできると考えている。

彼が小林から注意されたことのひとつが「新鮮な気持ちを忘れるな」である。

三鍋は「保育園では毎月のように行事があるのをご存知ですか」と言った。

「行事の前に保育士はこういう流れでやりますと計画書を出します。ある日、保育士だった私が小林代表にチャンバラごっこ大会の計画書を出したら、その場でビリビリビリッと破られ、小林代表に怒鳴られました。

『こどもの日にチャンバラごっこ大会をやるのはいい。だが、お前の計画書には、なぜ、この時期にやらなくてはならないか、なぜ、チャンバラごっこの大会をするのかという意義が書かれていない。意義が書かれていないのは、お前自身がよく理解していないからだ。

いいか、端午の節句をする頃には気温が上がる。外で遊ぶのが楽しくなる時期だ。そういう季節だからこそ、外に出るイベントをやるんだ。チャンバラごっこで身体を動かすんだ。そこがわかっていなければ行事をやる意味はない。いいか、計画書を書く時は根本的に理解してから文字にしろ。そして、ルーティンをバカにするな。毎回、新鮮な気持ちでやれ』

昨年やったから今年もチャンバラごっこをやるというだけじゃダメなんです。去年の五歳児と今年の五歳児は違う。行事をこなすのではなく、子どもたちの顔を見て新たな趣向の行事を考えなくてはならないとはっきりわかりました」

小林が母から教わった「命懸けの仕事」とはつまりはこういうことだ。チャンバラごっこでも、かくれんぼでも、子どもにとっては人生の大きな喜びだ。適当に遊ばせておけばいいという保育のやり方では利用者である子どもは気がつく。子どもだからといって、手を抜けば、いつかツケが回ってくる。そのうち誰もその保育園に子どもを預けなくなる。

保育園のサービスの本質とは何か

さて、ここまで私はコピープリスクールを説明するのに、従来の保育園とは違う点を取り上げた。建物のデザインが進歩的、陶器、ガラス器を進んで使う、食事メニューのレシピは元ホテルの総料理長だった人間が作っている、利用者視点に立った保育サービス……。いずれも先進的な試みである。保育園業界では珍しい。だが、そういった現象面だけをとって、私は小林をサービスのプロフェッショナルと認めたわけではない。

なぜなら先進的な試みを導入する経営者は枚挙にいとまがないからだ。その人自身は「俺だけ」と思っているかもしれないけれど、広い視野で一般業界を眺めれば先進的な考え方をする人は掃いて捨てるほどいる。たとえば二代目の経営者が親が始めた事業を継ぐとする。ホテル、デパート、商店、飲食店……。後を継いだ二代目がちょっと目端が利く男なら、たいていは「業界の常識を打ち破る」ことを考える。利用者目線に立ち、商品を開発し、商品やパッケージのデザインを洗練されたものにする。旅館の息子はデザイナーズホテルみたいなカッコいいホテルを建てるし、定食屋のせがれは西麻布にイタリアンレストランをつくったりする。最初のうちはマスコミも注目するから、客は集まるけれど、二年経ち、三年経つと、次第に飽きられてくる。見てくれを変えただけ、ちょっとシステムを新しくしただけの商売は長続きしない。

とくにサービス業の場合、商品が目に見えるわけではないから、「他社を真似ただけの先進的なサービス」は通用しない。自分でつくり出したサービスでなければすぐに陳腐化してしまう。いい例がザ・リッツ・カールトンの「クレド」だ。同ホテルのサービスが話題になってから、飲食店、ホテル、旅館で「クレド」と呼ばれる企業の信条を書いたカードを持つことが流行した。しかし、ザ・リッツ・カールトンのクレド以上に有名になったものはなく、いまではクレドのカードを自慢する企業はなくなった。

小林がやっていることも私はそういった、あやうい試みではないかと最初は危惧していた。ところが、話を聞いているうちに、三つの点でちょっと安心したのである。

ひとつは母親、典子のエピソードである。彼女の言った「ちくしょう」には万感の思いがこもっている。彼女のような保育園園長はなかなかいない。彼女の薫陶を受けたことは大きなメリットだ。

ふたつめは小林が三鍋園長に対して指摘した点だ。保育園に限らず教育機関は毎年、同じ行事を繰り返す。そこで、大切にしなくてはならないのはマンネリに陥らないこと。それをわかっている小林はしっかりしている。教育はつねに新鮮なサービスを目指すべきだろう。

そして、三つめである。それは彼が私にしてくれたエプロンの話である。彼が他の経営者とどこが違っているかは、この話のなかに表れている。

「日本全国、どこの保育園に行っても保育士は一日中、一枚のエプロンをつけています。あれが僕には信じられなかった。園を始めた時、絶対にあんなことはしないと誓った」

「一日中、同じエプロンをつけていると不都合でもあるんですか」

彼はやれやれ、この人（私）も意識が低いんだなという顔をした。

「たとえば、小さな子のうんちを処理する時も給食の配膳をしている時も同じエプロンをしているなんて不衛生でしょう。そんなことはしちゃいけないんだ。

うちではおむつを替える時は使い捨てのエプロンを使います。Aちゃんのおむつを替えたら、そのエプロンを捨てて、Bちゃんのおむつを替える。そして、屋内の保育ではエプロンはつけません。ユニフォームで仕事をする。外で遊ぶ時は屋外用のエプロンをつけ、食事の時は専用の布のエプロンにします。タオル、手拭についても同じように使い分けています。一枚のタオルで風邪気味の子どもの顔を拭いて、他の子にも使ったりしたら風邪がうってしまうでしょう。そんなことはできませんよ」

エプロン、タオルなどを神経質なくらい交換することで、コビーの保育園は子どもが風邪やインフルエンザになることを防いでいる。

私はコビーの保育園をふたつ見学した。どちらも冬で、インフルエンザの季節だったけれど、両園ともインフルエンザの子どもはひとりずつしか出ていない。学級閉鎖が相次いだ当時の事情を考えてみれば驚異的な罹患率の低さと言える。ここにコビーの力、小林の哲学が表れている。先進的なサービスとは建物のデザインや給食に陶器を使うことだけではない。どんなことをしてでも、子どもを病気にしない努力をすることだ。

「子どもが病気になったらお父さん、お母さんは会社を休まなくてはならない。それじゃ、保育園の意味はない。本来の機能を果たしていない。なんといっても働くために子どもを預ける場所なのですから。だから、私は子どもが余計な感染症にはかからないよう、最大限の注意を払う。はしかや水疱瘡は仕方ないけれど、風邪やインフルエンザは極力、防ぎます」

サービスのプロフェッショナルとは本質を追求する人のことだ。「利用者目線に立つ」なんて、甘っちょろい言葉で表現できることではない。本質的に必要なことは何かを峻別し、実行に移すことだ。彼の母、典子は失踪した父親よりも、まず園児を心配した。園児のために「ちくしょう」と言った。保育園の場合、利用者とは子どもそして親の両方だが、まず第一に心配すべきは子どもである。

そして、息子の小林は建物を近代化したり、ユニフォームを作ったりもしたけれど、それよりも、園児に新鮮な気持ちで接すること、風邪をひかさないように努力する、このふたつが保育園のサービスにおける本質ではないか。

サービスとは他社がやっていないことをやることではない。本質的に必要なことだけを客に提供すればそれでいい。

小林に話を聞いて、「ああ、それはそうだな」と感じたことがある。

「保育園の仕事をしていて嬉しいことは何か」と聞いたら、彼は「うちを見にきた小学生、中学生が就活でやってくること」と言った。

「この間、うちの保育園で職場体験した子が就職したいと言ってきたんです。中学生の時、職場体験をして、コビーに入るのが夢だったって。そりゃ採用ですよ、もちろん」

サービスの本質問題とは別だが、ここで就活に悩んでいる学生にひとつ助言したい。職場体験を有効に使って就活をしろ、である。たとえば三菱商事やユニクロへ入りたかったら、大学三年まで待つことはない。中学生の時に無理やり職場体験に押しかけて、就活の面接では、その点を強調することだ。そうすれば相手がサービスのプロフェッショナルでも、少しは甘い顔になるのではないか。

「保育園業界の革命児」小林照男に学ぶチェックリスト

□プロは母親に旦那の浮気の相談をされる
□プロは子どものために陶器の食器を使う
□プロはマンネリにならない新鮮なサービスを心がける
□プロは三つのエプロンを使い分ける
□プロは本質的に必要なことだけをやる

第五章

「デパ地下の女王」とんかつ娘の気迫

「デパ地下の女王」とんかつ娘の気迫

「ピーチちゃん、おはよう？」

えっ、誰のこと、いったい……。

「今日から、キミはピーチちゃんなんだ。丸顔だから、ピーチちゃん。ね、わかった？」

白髪のおじさんはそう言って、一緒に買い物に来た自分の娘に「そうだろ」と笑いかけ、

「いつものやつ」と注文した。

二〇〇三年、日本橋三越本店の食品売り場でカツサンドを売っていた当の本人、「ピーチちゃん」こと山崎明希子は「ありがとうございます」と頭を下げながら、黒豚ロースかつを三枚包んだ。レジを打ちながら、頬が真っ赤になるのを感じたが、嫌だったわけではない。客からニックネームをつけられたのはそれが初めてのことだったから。

デパートの地下食品売り場、通称「デパ地下」では生鮮食品から始まって、乾物、惣菜、弁当、スイーツと膨大な数の食品が揃っている。どこのデパートでもテナント数はワンフ

ロアで五〇を超えるが、店舗を出している各社とも販売員には精鋭を派遣している。とくに日本橋三越本店はすご腕が揃っていて、一日に何万人という買い物客が押し寄せてくるから売り上げが上がる。また、三越本店で「あそこはすごい」という評判を勝ち取れば他のデパートへ出店することが容易になる。高島屋でも西武や東武百貨店にも出店がしやすくなる。そういうこともあって、惣菜店、弁当店は腕利きを配していたのである。山崎が周囲の店を見回しても、一騎当千の店長が揃っていた。

神戸コロッケで当てた惣菜業界の雄「ロック・フィールド」、煮込みのおかずで知られる「まつおか」、店舗面積は狭いけれど着実に売り上げを上げてくるシウマイの「崎陽軒」……、いずれもエキスパートである。山崎がうかうかしていると、すぐに客を取られてしまうやり手ばかりだった。熾烈な競争を行っているデパ地下の販売員は成績がいいのは当たり前だし、贔屓の客を持つ者も稀ではなかった。しかし、客からニックネームをつけられるほど、可愛がられる販売員となると、よほどの親和力を持つ者しかいなかったのである。

山崎は初めて客から「ピーチちゃん」と呼ばれ、語感の可愛さよりも、むしろ、客に認めてもらえたことが嬉しかった。

だから、いまでも彼女はニックネームをつけてくれたお客さんのことをよく覚えている。

「実は、その方、亡くなったんです。ガンでした。いつも、一緒にいらしていた娘さんから亡くなったことを聞いた時、ちょっとうるっとしました。でも、私は泣きませんでした。私は泣きません。売り場では絶対に泣かないようにしています。うちに帰ったら、えんえん泣きますが、仕事中はかーっと燃えているから、涙は流しません」

山崎明希子は静岡県生まれ。高校を出てすぐに、まい泉に入社した。身長は一四三センチという小柄で、丸顔。しかし、いま彼女が店長を務めている東武百貨店池袋店の売り場では身長以上の存在感を感じさせる。女性をつかまえていうのもなんだけれど、人物として風圧を感じる。

「出身は藤枝南高校です。高校では美術の勉強をしていたので、そうした道に進みたいと思っていました。でも、まい泉で働いていた高校の先輩から『いい会社だよ』と言われたので、何も考えずに入社しました。それがあとで苦労の連続だったと思うに至るのですが……。でも、とんかつが好きだから続いています。デパ地下で、とんかつを売っているというと、『どうせならスイーツにすればいいのに』と言われます。スイーツは油まみれにならないし、制服もカワイイと思っているみたいで。でも、とんかつだって、揚げ場にいるわけじゃないから油まみれにはなりません。制服だって、スイーツには負けないと思う」

入社してからいろいろとつらいことがあったようだが、いま、東武百貨店池袋店で店長をしている山崎は「とんかつを売ることは私の運命だった」と感じている。彼女なしでは、まい泉の営業に支障が出るくらい、売り上げを上げ、接客サービスをリードしている。慕う若手販売員は多く、彼女もまた販売のコツを秘密にすることなく伝授する。デパ地下の女王とは山崎のような販売員のことだと私自身は信じている。

一度、東武百貨店へ行って、まい泉の店舗を見てみるといい。売り場はわずか三坪。四人の販売員は柱を背にしてショーケースとのすき間に立っている。午前一〇時の開店から午後九時のクローズまで、食事休みと休憩はあるけれど、柱とショーケースの間の七〇センチの空間で仕事をしなければならない。いったい各デパートの幹部は人間の生存空間を何だと思っているのかと怒鳴り込みたいくらいの狭小な世界で退職まで働き続けなくてはならない。もう、それだけでも大したことだと思うけれど、そんな狭いところで彼女たちは一日に八〇万円も売り上げる。まったく、頭が上がらない。

ベテランからのいじめに近い「教育」

「箸で切れる、やわらかなとんかつ」をうたい文句にする、まい泉。創業は一九六五年。当時はオフィス街店舗を構えたごく普通のとんかつ屋だった。ただ、店のすぐ近くに帝国劇場があったため、創業者の女主人が「観劇用にいいんじゃないかしら」と甘めのソースで味付けしたカツサンドを売り出したのである。すると、カツサンドが従来のものより女性向きだったこともあって大変な人気となった。以後、まい泉は甘いソースで辛子が入っていないカツサンドというキラーコンテンツを手に入れ、一気に成長軌道に乗ったのである。

創業から半世紀近くたった現在、一軒のとんかつ屋は売り上げ八十数億円、従業員九五〇名の中堅企業となった。青山に本社と本店を持ち、その他、飲食ができる店舗、デパ地下に販売店舗を構え、なかでもデパ地下ではロック・フィールド、まつおかと並んで常時、ベストスリーの売り上げを誇るまでになった。

まい泉が成長した原動力はとんかつ、揚げ物というよりもカツサンドだろう。売り上げの三分の一はカツサンドが占めており、一日に二万食から三万食が売れている。しかも、価格は決して安くない。三切れ入りが三八八円。六切れ入りが七七七円。マクドナルドのハンバーガーが一〇〇円であることを考えれば値崩れがしていない、企業にとっての優等生商品ということができる。だから、山崎たち販売員の仕事はとんかつやエビフライなどの揚げ物を夕食のおかずにすすめるかたわら、軽食としてのカツサンドを売ることにある。

同社営業部長で、山崎の上司にあたる藤井徹は「カツサンドがうちの従業員の生活を支えています」と言う。

「カツサンドを出しているのはうちだけではありません。万世、さぼてん、たいめいけん、キムカツ……。いくつもあります。そのうち、当社のカツサンドは辛子を使っていません。子どもが喜んで食べますし、子どものおやつ、スナックになります。また、デパ地下の売り場で惣菜類はバックヤードで手作りしていますが、カツサンドは工場で製造しています。供給力もある。とんかつ、揚げ物だけでしたらこれほど成長はしなかったと思います」

さて、山崎が入社後に配属されたのは西武百貨店の池袋店だった。デパ地下としての広さは日本一、全体の売り上げも大きいところである。新人だった彼女が働きながら骨身にしみたことがふたつある。ひとつは、まい泉店舗が持つ特殊性であり、もうひとつはベテラン販売員から受けた過酷な指導だった。

「食品売り場にある惣菜店は裏で揚げ物を揚げたり、料理を作るのが前提です。うちみたいに工場から持ってくるカツサンドが主力商品という店は珍しいのです。普通の店の店長は惣菜作りの計画を立て、販売員のシフトをつくったり、従業員を管理する。ですが、うちの場合はもうひとつ、大きな役目があります。それはカツサンドをどれくらい仕入れるかを決めること。製造計画と仕入れ計画のふたつを立てなくてはなりません。

そして、カツサンドに関しては全国のスーパーでも販売しています。池袋のような大きな駅でしたら、西武と東武百貨店に直営店舗がある他、近くにあるスーパーでも同じカツサンドを売っています。スーパーさんの場合はうちよりも値引き率を大きくできる。うちはせいぜい一〇〇円しか引けないけれど、スーパーさんだったら、閉店間際には半額にもできる。ライバル店だけでなく、同じ商品を売っている店すべてが競合だから、正直、きついと思うこともあります」

つまり、デパ地下におけるまい泉店舗は他店よりもシビアな競争環境に置かれているうえに、店長は会社を経営しているつもりで店を運営していなくてはならないのである。そのことをすぐに見抜いた彼女は優秀だったのだが、いかに彼女が優秀でも避けて通れないことがあった。それは揚げ場を仕切る調理人、加えて売り場にデンと構えていたベテラン販売員からのいじめに近い「教育」だった。

一三年前の同社の売り上げは現在の一〇分の一程度で規模も小さい。食品会社ではなく、図体が大きくなったとんかつ屋である。管理職の大半は長年働いている人間で、販売員を育てようという気持ちがあるわけではなかった。また、会社としても満足な販売研修を施したこともないから、上司や先輩が技術を後輩に伝える風土もなかった。調理の職人は強烈な自負心を持っていたし、ベテラン販売員のおばさんたちも「売るのは自分の腕だけが頼り」と考えていた。売り場にやってくる常連客が後輩の販売員と会話を交わすことさえ嫌ったのである。

当時の会社幹部は「このままではいけない」と考え、山崎が入社した前後から販売現場を改革するため、若手社員を大量に採用した。だが、現場の雰囲気が変わらないままだったので、新入社員たちは最初のボーナスが出たら、次々とやめていったのである。

山崎が入った西武百貨店の揚げ場、売り場にも昔気質の先輩社員が大勢いた。売り場の彼女がショーケースをのぞいて、ヒレカツが残り少なくなったと感じたとしよう。先輩にそう言ったら、「山崎さんあんた、裏に行って、ヒレカツを二〇枚、頼んできて」と指示される。

バックヤードへ行き、「ヒレ、二〇枚お願いします」と頼んだら、調理人は、ふんっと鼻で笑った。

「ヒレ？　ヒレよりロースを揚げてやるよ。とんかつはロースがうまいんだ。ヒレなんてのはどうでもいいんだよ」

調理人は勝手にロースを揚げて彼女に渡した。新入社員だから文句も言えない。そうして、売り場に持って帰ってきたら、「あんた、誰もロースなんて頼んでないよ。どうするのよ」と怒鳴られた。結局、泣きたい気持ちを抱えて、もう一度、頭を下げに行かなくてはならない。いまはそんな理不尽なことはなくなったけれど、当時はごく普通にそういうことが行われていた。

売り場ではこういうことがあった。ベテラン販売員が売り場を外していた時に、親しくしている客が来た。注文された商品を山崎が包んでいたら、ベテランが戻ってきて、「あなたっ、何してるの」と怒る。ベテラン販売員はなじみ客に対しては手のひらを返したような、猫なで声で、こう言った。

「お客様、申し訳ありません。この子がいたらなくて……。包み方が雑ですわ。失礼いたしました」

そう言いながら、もういちど包み直し、おほほと笑いながらレジを打つのだった。包み方が悪かったのではない。山崎がベテラン販売員が親しくしている客とコミュニケートしたことが機嫌を損ねたのである。

営業部長の藤井は思い出して、「山崎には苦労をかけました」と語る。

「いや、よく我慢したと思います。当時、私も他の惣菜会社から転職したばかりでした。職位が上でも、ベテランの職人や販売員には注意しづらかった。私でさえそうなんですから、山崎や若い販売員は大変な苦労だったと思います。会社じゃなかったんです。とんかつ屋の延長だった。だから、みんなやめていって、残ってくれたのは山崎くらいなんです。だからこそ僕らは彼女に期待しました。うちの販売現場を変えてくれるとしたら、山崎しかいない、と。ちゃんとした会社になるためには彼女に店長になってもらうしかなかった」

デパ地下が現在のような食品会社の集合体になったのはここ一〇年くらいのことだ。それまでは、会社ではなく、一軒の天ぷら屋、寿司屋、サンドイッチ屋、ケーキ屋が自分の店で働いている従業員を店長にして、惣菜や菓子を売らせていた。単なる売店に過ぎなかったから、テナントは調理の職人、ベテラン販売員に頼らざるを得なかったのである。

どちらもプロだから、そこそこの数字は上げる。しかし、自分の持っている技術を他人に伝えようとはしない。つまり、まい泉で起こっていた軋轢はまさしく他のテナントでも一般的な現象だったのである。

ユニクロの柳井正社長が店長時代やっていたこと

西武池袋店で下積みの五年間を過ごした後、我慢に我慢を重ねた山崎は日本橋三越本店の店長に抜擢された。日本橋三越はデパートの元祖である。由緒正しい店なので、テナント側も年配のベテランを配している。だが、まい泉の上層部は山崎を店長にすることで、彼女より下の世代に希望を与えようとしたのだった。

彼女は二二歳で、店をきりもりすることになった。従業員は売り場に四名は欲しいところだったが、募集を出しても人が集まらず、彼女が休みを返上したり、トイレへ行く時間を我慢して売り場に立たざるを得なかった。

「店長に決まった時、あたしがやるしかないって気持ちで臨んだんですけれど、まったく未熟でしたね。独身寮に戻ってから、えんえん泣きました。枕が涙でぐじゅぐじゅになるくらいに……。

職人さんとの関係は店長になってからはそうでもなかったけれど、売り場が変わるのがつらかった。その頃、三越は耐震工事と新館の建設をやっていました。工事の影響で、三か月とか半年で売り場が移動してしまう。閉店後にレジや什器を自分たちで移動するんです。それも、エレベーターを降りた正面のような目立つ場所に移るのならいいけれど、フロアの隅っことか、エレベーターの陰とか、わかりにくい場所ばかりに行かされた。

デパ地下では商品の力があっても、店舗が目立たなければ絶対に売り上げは伸びません。それに、日本橋っていうのはアルバイトやパートさんの応募がほとんどないんです。主婦がいる地区じゃないし、大学があるわけじゃない。人が足らないし、売り場がひどい場所だったし、あの頃は毎晩、泣いてました。売り上げを伸ばすなんてできなかった。減るのを最小限にとどめることしかできなかった」

まい泉に入ってから、幸せと感じた日がただの一日もなかった彼女は日本橋三越でもまたまた苦労を重ねた。だが、嬉しかったことがなかったわけではない。例の白髪の紳士に「ピーチちゃん」というニックネームをもらったことがそれである。売り上げの上がらない現場でトイレへ行くのも我慢して働いていた彼女にとって、ピーチちゃんのニックネームは勲章のようなものだった。

しかし、雌伏の時期に始めたことが後に結果につながる。

販売環境が劣悪だったなか、ひとつ気をつけたことがあった。

「私は日本橋三越の店長になってから、自分だけのノートに商品別の売り上げ記録をつけることにしました。いまはパソコンがあるからすぐにわかるけれど、あの頃は本部まで行かなくては商品別の売り上げ数字は把握できなかったのです。ですから、デパートの営業が終わった後、売り上げ、個数、種類、金額をつけることにしたのです。

私が大切だと思ったのは売れ残りの商品でした。たとえばとんかつとコロッケをおかずにした弁当は売れたけれど、魚だけの弁当は六個残ったとか……。記録をつけながら、なぜ、その商品が売れなかったのかを考えました。商品が悪いのか、それともその季節には魚のおかずは向かないのか……。記録をつけているうちに、この商品が売れるか売れないかがだんだんわかってくるようになりました。そして、逆に売れる商品とは何か、どういう商品を開発すればいいのかも見えてくるようになったんです」

販売員の大半は何の気なしにセールスの記録をつけている。売り上げが多い日があれば単純に喜び、少なければ気落ちする。たくさん売れた日にはひとりで飲み屋へ行って、ビールを飲む人もいるだろう。

山崎がデパ地下の女王と呼ばれるようになったのは、売れない商品の性質に着目し、記録をつけるようになったからである。

あのユニクロの柳井正は創業当初、山口県の片田舎で一三年間も紳士服店の店長をやっていた。当時、彼が持っていた店はたった二店舗である。そこから世界のユニクロへと成長していったのだが、二店舗の店長だった彼がやったのは、「毎晩、売り上げと売れ残ったものをノートにつける」ことだった。どれほど、仕事が忙しくても、記録だけはつけて眠った。その結果、彼は売れる商品とはどういうものかがわかるようになった。ユニクロが開発するべき商品の方向性をつかむことができたのである。記録するという習慣がユニクロをつくったとも言える。

そして、洋服もとんかつも同じ商品だ。記録から売れる商品とは何かを考えることは可能なのである。また、記録といっても、売れた商品をノートに書きつける人は無数にいる。しかし、売れなかったものを頭に焼き付け、そのうえ、なぜ売れなかったかを記録する人はめったにいない。柳井正も山崎明希子も売れなかったものを記録するという意味では同じことをやったのである。

話は戻る。

「売れ残ったものを記録するようになってから、少しでも売れ残りをなくそうと、販売方法を工夫するようになりました。それまでのやり方からがらりと変えたのは、お客様への声かけです。

『青山のまい泉でございます、ヒレカツサンドいかがでしょうか』といった一般的な言葉は基本です。しかし、それだけでは売れません。一般的挨拶はあくまで、お客様に関心を持っていただくための声かけですから大声ではなく、聞き心地がいいボリュームにする。

お客様が売り場に寄って来たら、今度は会話です。会話を通して売っていく。会話のきっかけは二種類ですね。天気の話と用件を聞くことです。天気はたとえば雨の日だったら、『お足もとが悪い日にありがとうございます』などと声をかけてから会話に持ち込む。

用件を聞くこととは、どういう商品を求めているのかを聞き出すことです。お客様が欲しいのは揚げ物なのか、カツサンドなのかを丁寧な言葉で確かめる。現在、私が店長をやっている東武百貨店では揚げ物とカツサンドの売れる割合は半々くらいなのですが、午前中はお土産としてカツサンドを買う方が多く、午後から夕方はその日のおかずにとんかつやエビフライのような揚げ物を買って行く方がほとんど。何を欲しがっているかをしっかり確認して、それからおすすめの品について説明します。

商品の説明も押しつけではいけません。あくまで聞かれたら答える。そうして、一通り販売が済んだら、その後、できるだけもう一品、買っていただけるように、黒豚のそぼろ、とんかつソース、スパイスソルトといった周辺商品を紹介していきます」

こうした販売方法は彼女が独自にゼロから考えたわけではない。客が来ない時間に売り場を外し、売れている他店を見に行った。他店の腕利き販売員がやっていることや販売の文句を聞いて分析し、自分なりのアレンジを加えたのである。つまり、彼女の力は分析力にある。

思いつきの文句でしゃべるとか客になれなれしく話しかけるのではなく、他人のやり方をまず見る。見てから考える。そして、自分の手法を付け足す。科学的な人なのである。職人風の販売員ではなく、経営コンサルタントに近い能力を駆使して、とんかつとカツサンドを売っている。

いまや何の気なしに商品を並べても客は見ようともしない。適当に宣伝文句をしゃべっただけでも客は買わない。大声でシャウトする前に立ち止まって考え、分析しなくては商品は売れないのである。

さて、そうして着々と販売手法を確立した山崎にとって、もうひとつ、おまけのような、ある力がついた。それは商品を的確に発注する力だ。前述のように、まい泉の店長はカツサンドについては直営工場へ発注しなくてはならない。多く仕入れた場合は売れ残りが出るし、少なければ売る機会を逃してしまう。その日に売れる数を正確に発注することも店長の才覚なのである。

「確かに、記録することが習い性になってから発注する数字の精度は上がりました。うちでは各店舗はひとつの会社です。店長は経営者ですから、私の店が本社からカツサンド、スパイスソルトといった商品を仕入れて売っていることになる。数量を発注するのは店長である私の責任なんです。正確な発注数にしないと損してしまうんですよ。

私は日本橋三越の頃からずっとつけているノートがあるから、何月の何日にはカツサンドはこれくらいは売れるという目算があります。それに合わせて、あとは天候を見て発注します。もし、記録がなければ行き当たりばったりで注文することになる。それでは、販売数は伸びていきません。いまでは部下にも売り上げ数字を記録するように、それもできるだけ細かく書くように言っています。できればその日の感想やコメントもつけておくように、と。

うちの店はロス率が低いのが特徴です。発注の精度が高いし、製造の計画もきちんと立てているから、結果的に商品のロス率が低くなる。だいたい三％程度。あまり低いのは機会利益を損失しているわけですから、三％はいい数字ではないでしょうか。私が仕入れた数字にははっきりした根拠があります。ですから仕入れた以上はどんなことがあっても売ります。チームワークで売るし、最後は私が売ります」

上司、藤井によれば、社内には山崎と同じくらい販売成績のいい店長もいるのだという。ただし、商品のロス率を比べると、山崎は他の店長とは段違いに低く抑えている。

藤井は言う。

「山崎に年末のセールだから、もう少し発注してくれよと頼んでも『ダメ』とあっさり断られてしまうんです」

上司が泣きついたからといって、商品を多く引き取ったりはしない。丸顔で温厚そうに見えるけれど、いったん、こうと決めたら譲らない。シビアな性格なのである。デパ地下の惣菜店の場合、ロス率は数パーセントが標準と言われている。山崎が守る三%というのはかなり達成するのが困難な数字なのだ。

僕らには販売力とサービスしかない

東武百貨店が閉まるのは午後九時。あと片付けをして、売り上げの記録をつけたら、自宅に戻るのは午後の一一時近くなる。それからひとりで食事を作って寝て……。一度は結婚しようと思ったことがあったけれど、結局、仕事のことが頭にあり、断念した。彼女は一度、「藤井さん」と本社にいる上司を訪ね、目の前でただただ号泣したという。彼女の人生は涙とは切っても切れないのである。仕事では結果を残し、部下にも信頼される上司なのだけれど、本人は私生活のことをほんの少しだけ充実させたいと願っている。

私生活のことがふと頭をよぎるのは黙々と記録をつけている時だ。

「売れ残りは出るんです。どんなことをしても毎日、売れない商品が出る。もったいないけれど、廃棄するしかありません。でも、とんかつ、おいしいに決まってるから捨てるのは悔しいです。私が記録をつけたり、ロス率を低く抑えたり、閉店間際に声をからして売るのも、食べ物を捨てるのはもったいないと思っているから。成績を上げて給料を上げようとかじゃないんです。それは私だけじゃない。デパ地下で食品売ってる子はみんな食べ物を捨てるのに罪悪感を持っている。売れ残るのは嫌だから、だから少しでも減らすために記録をつけ、つけながらいろいろ考えているんです。

考えているうちに時間は経ってしまいます。閉店後に立ったままパソコンを開いて記録していますす。部下にも細かく私のやり方を伝えるのは、自分が売るよりも部下を育てる方が大事だと信じているから。未熟だった頃は自分でたくさん売ってやろうと思いましたけれど、部下を育てないと売り上げは取れません。うちではさまざまな商品を開発していますす。季節商品のカキフライのようなヒットもあれば、野菜フライのような売れ行きがいまいちだったものもある。商品力は必要ですけれど、結局、デパ地下ではちゃんとした人が一生懸命に売っている店だけが数字を取っている。私は商品よりも人だと思う」

彼女と話をしていたら、横から、おせっかいな上司、藤井が口を出した。

「そうなんです。デパ地下は商品力よりも販売力ですよ。だって、たとえば弁当の味です。セブン‐イレブンの弁当なんて何百万個も作っているんですよ。それだけの数量を作ろうとすれば自然と材料費は安く抑えることができます。コンビニ弁当なんて馬鹿にできないどころか、おいしいし、安い。セブン‐イレブンのご飯なんて、相当いいコメを使っています。

はっきり言うけれど、私たちよりも質のいいものを安く調達できるんです、あちらは。だから、僕らには販売力とサービスしかない。山崎たちがにこにこしながらお客様においしいですよと言っているから売れるんです。現場なんです。現場の女の子が私たちの給料を出してくれている。現場です。野地さん、山崎を見てやってください」

「ヤマザキを見よ」と耳元で連呼されたこともあって、私は東武百貨店のデパ地下を偵察に出かけた。金曜日の午後六時。夕食前のピークタイムである。

まい泉がある場所はJRの池袋駅改札を抜け、階段を下りて二〇メートルほど進んだところだ。駅のホームから五〇メートルもないから買い物客には便利だろう。

デパ地下へ行ったことのある人ならばわかると思うが、夕方の食品売り場は戦場である。客が行き交うなかを販売員たちが声をからし、「いかがですか」と迫ってくる。客の九割は女性で、いずれもがハンドバッグの他にレジ袋や紙袋を提げている。高齢の女性たちは昼間の空いた時間に買い物をしているから、夕方から夜にかけては働いている女性が多い。様子を見ていると、一か所だけで買い物をしている人はほとんどいない。コロッケを三つ買って、サラダをワンパック注文し、スイーツをひとつ買うといった傾向が見られる。違う店で少しずつおかずを買うのが楽しみなのだろう。食べる食べないは別にして、さまざまなおかずをほんのちょっとずつ袋に入れるのが満足感につながる。

店舗側も巧みな戦略で客を誘い込んでいる。たとえば、揚げ物やサラダをパック売りにしていない店があった。どうしてだろうと観察していたら、グラムを測って紙袋に詰めていると時間がかかる。その間に客が行列をつくる。行列ができると通りかかった客が「いったい何を売っているのか」と関心を持って近づいてくる。行列は客を呼ぶマーケティングなのだ。ただし、行列の長さが隣の店の前まで伸びてしまうと今度は他店からクレームが出る。行列が長くなると、販売員はすかさずケースの後ろからパック売り商品を出してきて、客にすすめるのである。そうして、行列の長さをコントロールする。パック商品を出す出さないという判断ひとつが客を呼び込む作戦になりうる。

デパ地下を回遊してから、まい泉の売り場に戻った。売り場は狭い。幅が五メートルほどで、販売員四名は柱とショーケースの間に挟まれるようにして立っていた。ショーケースのなかにはとんかつ、エビフライなど揚げ物と惣菜が並んでおり、ケース横のテーブルに弁当とカツサンドが山積みになっていた。山崎はレジを担当していた。身長一四三センチと小柄だから、頭はケースの上にちょこんとのっかっている格好である。

高齢の女性が大荷物を持ったまま、山崎の前に行って「カツサンドをひとつ」と言った。

「はい、承りました。他のものもまとめましょうね」と言いながら、素早くレジを打ち、東武百貨店の紙袋に他の店の惣菜も入れた。

代金をもらったカツサンドを渡して、深々と頭を下げるのかと思ったらそうではなかった。彼女は紙袋を持つと、おばあさんを先導してＪＲ池袋駅の改札に向かったのである。そして、改札の外で紙袋を渡して、初めてお辞儀をして、笑顔を見せた。買い物をしたおばあさんはぺこぺこ頭を下げて、ホームへと歩いていった。

デパ地下の午後六時は戦場である。まい泉の店の前には行列ができ、売り場に残った三人はてんてこ舞いだった。しかるに、山崎はおばあさんの荷物を持って悠然と歩いて行った。人によっては見方の分かれるサービスかもしれない。

「忙しい時に店長が店を外すなんて何事だ」という人も必ずいるに違いない。だが、彼女はいろいろ考える前に身体が自然と動いてしまうのである。大荷物のおばあさんを見ると、せめて改札までは荷物を持ってやりたいと感じ、そう思ったら、やってしまうのだ。誰かにやれと言われたのでもなく、マニュアルにあるのでもなく、やらずにはいられないからやったというのがその行動だった。

彼女は困惑しながらも説明した。

「ええ、うちではみんな、雨の日なんかはおばあさんを改札まで見送ります。時間にしたら一分もかからない。それで喜んでもらえるんだから、やめようとは思いません」

「まいせんでーす！　まいせんでーす！」

サービスのプロフェッショナルとはまさに彼女のような人のことだ。

単に売り上げを上げるために工夫を行っている人のことではない。販売成績を上げるために他人がやらない努力をするだけの人ではない。売り上げが日本一になって表彰されたからといって、その人がサービスのプロフェッショナルとはかぎらないのである。たとえば、自動車のナンバーワン・セールスマン、生命保険のやり手セールスマン、宝石や美術品などの高額商品を売っている人たちがいる。その人たちには販売の能力はあるだろう。しかし、自発的におばあさんの荷物を持とうと身体が動く人たちではないような気がする。高額商品のセールスマンに必要なのは商品知識とそのジャンルならではの販売テクニックだ。親切とか目の前の人に手助けしてしまう心だけでは絶対に売れないのが高額商品なのである。

その点、とんかつやカツサンドは違う。庶民が毎日、買うものだ。商品知識や販売テクニックもいるけれど、それよりも、客は親切な人から買いたいと思っている。販売テクニックよりも、その人自身を問われるのがおかずの販売なのである。

私はとんかつやカツサンドが売れる人間ならば、庶民向け商品なら何でも売れると思う。万能のセールスマンになれると考えている。

マスコミでは自動車や生命保険のセールスマンの方が持ち上げられているけれど、実は彼らの販売能力は限られたジャンルの商品にしか対応していないのである。

山崎はデパ地下の女王だ。女王だからなんでも売れる。天ぷらでも肉じゃがでも、ほうれん草のごま和えでも、だし巻きでも、イカの酢味噌和えでも何でも売れる。デパ地下で働いていれば、残り物をついつい食べてしまうから体重が増えてしまうけれど、とんかつを売ってきたえた技術と優しい心があれば、どこへ行っても食っていける。こんな幸せな仕事はない。

私はまい泉の四人が閉店間際に声を張り上げている瞬間を見た。

欧州危機の後から続いていた円高は一区切りついたが、消費税率のアップは決まった。新聞やテレビは日本の国債格付けを落とさないためにも中期的には国家財政の健全化が必要だと若手の理屈っぽい役人に言われた通りの主張を繰り返している。ふざけたことを抜かすなと言いたい。政治家や新聞記者は一度、閉店間際のデパ地下へ行ってみることだ。

午後八時を過ぎた東武百貨店池袋店をのぞいてみるといい。

いったい、何人の女性がお腹を空かせながら、二五〇円のかき揚げが一〇〇円以下に値下げされる瞬間を待っているか、自分の目でちゃんと見てみるといい。彼女たちは残業を終えて家に帰る途中だ。子どもたちは勉強をしながら、風呂を沸かしながら、お母さんの帰りを待っている。お父さんは仕事だから、夕食には間に合わない。お母さんは三人分のおかずを買いたいけれど、一本二五〇円のえび天を三本買う余裕はない。しかし、育ち盛りの子どもにはおいしいものを食べさせたい。冷凍食品やファストフードより、天ぷらや野菜の煮物を食べさせたい。しかし、毎日のことだから、売り場のおかずを正価で買うことはできないのである。古い表現だけれど、二五〇円のエビフライを三本買ったら、家計は火の車になってしまうのである。

それが現実だ。このお母さんは実在していて、夫と同じ大手商社に勤めて、子どもは二人。標準家庭よりは収入は多いだろうけれど、くどいようだが、二五〇円のエビフライを正価では絶対に買わない。

閉店間際のデパ地下には住宅ローンと子どもの教育費のために生活を切り詰めて働くお母さんがたくさんいる。彼女たちは少しでも安く買おうと奮闘する。山崎たち販売員はその気持ちはわかるし、値下げはする。けれども、損をしてまでメンチカツを売るつもりはまったくない。彼女たちにも彼女たちの生活がある。働くお母さんと販売員たちは毎晩、ぎりぎりの死闘を繰り広げている。

山崎の戦略はこうだ。

「閉店近くになると値下げするのですが、それでも、私はせいぜい一〇〇円程度しか下げません。揚げ物はもう少し下げるかもしれないけれど、カツサンドは下げません。毎日のことですから、損をしてまで売ることはできない。まずは、絶対に売るという気持ちを全員が持つ。そして、声を出します。閉店間際はどの店も声をからして呼び込みしますから、声は必要です。しかし、絶叫してはいけない。声の大きさもさることながら、愛嬌、そしてプラスアルファです。プラスアルファとは存在感というか。いつ立ち上がって売り始めるか、潮時をみること。私はすぐに声をあげません。ここぞという時に動きます」

食品売り場は午後九時がクローズだ。八時半ともなると、フロアは人でごった返しているが、どの店もショーケースのなかの半分以上は売り切れだ。

「一〇〇円引き」とか「半額」とかの値札が張られた商品をよそに、販売員が片付けを始める店もある。しかし、まい泉チームは誰ひとり片付けを始めていない。戦闘意欲は満々で、売り場の外に出て、口に手を当て、呼び込みを続ける。

「お安くなってまーす」

「まい泉のカツサンドでーす」

この辺の時間帯になると、どの店も「値引きしている」ことと店名の連呼だけになってしまう。買う方も早く帰らなきゃならないという事情があるから、「塩麹の味つけで……」といった理屈を聞いている余裕はないのだ。

安いかどうか、値打ちのある品かどうかだけがこの時間帯の客の関心である。

閉店時間が近づくなか、レジの前に立っていた山崎が売り場から外に一歩踏み出した。川中島の合戦で上杉謙信が立ち上がったと見まごうばかりの風格のある態度で、レジから外に出たとたん、「まいせんでーす！ まいせんでーす！」と大喝したのである。そばの客がうわっと驚くばかりの気迫で、空気がびんびん鳴った。

「声の大きさよりも愛嬌です」とインタビューでは答えていたが、嘘だった。やっぱり最後は大声と気迫だったのである。

「最後は私が売る」という気迫のこもった声が続き、吸い寄せられるように客がカツサンドを手に取った。

客がカツサンドを彼女に渡す。それまで気迫がみなぎった顔をしていたのが、売れたと決まった瞬間、にっこりした。その落差がまた激しい。夜叉のような顔だったのがピーチちゃんに変わった。

「ありがとうございます」と言いながら、頭を下げ、また腹の底から「まいせんでーす」と絶叫した。

世の中は厳しい。不況はまだまだ終わらない。だが、デパ地下の女王は、いまよりもなお不景気になっても生き延びるに違いない。

サービス業のプロとは、「目の前の人が望んでいることをやる人」であり、しかも「やらずにはいられないからやってしまう」人だ。自分のなかにあるものに突き動かされて行動に移ってしまう人だ。だから、迫力が違う。サービスは気配りだけれど、販売は気迫だ。

「とんかつトップ販売」山崎明希子に学ぶチェックリスト

- □プロは売れなかった商品の記録をつける
- □プロは天気の話をしながら用件の確認をする
- □プロは過去のデータを見ながらロス率を下げられる
- □プロは自発的にお客の荷物を持てる
- □プロはテクニックよりも気迫で売る

第六章

「稼働率一〇〇%」ビジネスホテル支配人夫婦のもてなし

#「稼働率一〇〇%」ビジネスホテル支配人夫婦のもてなし

いまの仕事を始める前、西尾寛司と涼子は記念になるし、サービスの勉強にもなるからと、高級ホテルで食事をすることにした。夫の寛司が選んだ店はザ・リッツ・カールトン大阪のイタリアン・レストラン「スプレンディード」である。

「本当は宿泊もしたかったけれど、お金がもったいないから」コース料理を食べ、ワインを少し飲んで帰ってきた。雰囲気、料理、サービス、どれをとってもさすが超一流のホテルだと、どちらも感心した。ただ、帰り道、西尾はこうも思っていた。

「素晴らしいサービスだった。ただ、確信しました。自分たちのホテルでやるべきサービスはこれじゃない。働く人たちのためのサービスをもう一度、考えなきゃいけない。

リッツカールトンのサービスが高級フレンチだとしたら、私たちが運営するスーパーホテルのサービスは大衆居酒屋だ。気軽でなくてはダメだ。週に何度も利用してもらえるようなサービスでなきゃいけない」

夫が口に出したことに、妻も、うん、そう思うとうなずいた。ビジネスホテルとして伸び盛りにあるスーパーホテルの運営は夫婦もしくはカップルでやることに決まっている。夫と妻の意見が一致していないと運営に支障をきたすのである。

一流のホテルサービスで知られるリッツカールトンを立ち上げた前日本支社長の高野登は著書『リッツ・カールトンが大切にするサービスを超える瞬間』(かんき出版)で、次のように書いている。

「リッツカールトンは夜、お客様がベッドにお入りになり、目を閉じてリラックスされてから眠りにつくまでのひと時をとても大切に考えています。(中略)

――そういえばあのウェイターさん、ビーフが苦手な家内が料理にまったく手をつけずにいたのに気づいて、鳥のお料理はいかがですか、といってそっと取り替えてくれた。家内のやつ、感激して泣き出しそうだった。まったく、おおげさなんだから……。

眠りにつくときに、お客様に

『このホテルに来て良かったな』

『明日はまたどんな感動があるのだろう』

と思っていただけるようなサービスが提供できているかどうか。それが私たちの願いであり、お客様からの通信簿なのです」

ここからわかるように、リッツカールトンのサービスとは客が考えていることを察知して、先回りして動くという高度な接客技術だ。いわば、かゆいところに手が届くといったサービスである。加えて、豪華な内装、高級な家具やインテリア、おいしい食事を出す各種のレストラン、微笑を絶やさない従業員がいるスパ……、宿泊施設というよりも、テーマパークのようなホテルだ。その代わり、宿泊料金は高く客層もビジネスエグゼクティブ、富裕層がほとんどだ。

一方、西尾夫妻が支配人、副支配人をやっているスーパーホテルはビジネスホテルである。レストラン設備を持たないし、宴会もやらない。内装、什器備品はそこそこのランクのものを使っている。ただし、宿泊に特化しているから、寝具、枕には金をかけている。設備を簡略化し、清掃やリネン交換を外部業者にまかせて省力化しているから宿泊料金は高くない。一泊当たり数千円程度である。利用しやすい料金だから、国内を飛び回る営業マンには大人気だ。スーパーホテルに止まらず、東横イン、アパホテル、ドーミーインといったところはチェーンを増やしている。

西尾はリッツカールトンのサービスを体験することで、「ふっきれた」という。ホテルマンならリッツカールトンのサービスを手本にするべきと思っていたのが、そうじゃなくていいとわかった。シティホテルとビジネスホテルの客層は完全に違う。サービスとは教科書を読んで、書いてある通りにふるまうことではなく、状況に応じて、自分の頭で考えることだと理解した。だから、スーパーホテルで西尾が行っているサービスはリッツカールトンのそれとは違うものになっている。

現在、西尾は支配人、妻の涼子は副支配人として新横浜にあるスーパーホテルを運営している。ふたりがスーパーホテルの支配人になったのは三年前のことだ。青森・八戸長横町、北海道・旭川という同チェーンのふたつを経験し、二〇一二年九月から新横浜のスーパーホテルで仕事をしている。

就任以来、西尾はビジネスマン、営業マンのためのサービスを考え出し、それは成果に結びついた。八戸のホテルでも客数を増やし、旭川では新規オープンした同ホテルを優良店にした。特筆すべきは旭川の稼働率だ。二〇一一年三月の開業日から六か月間、稼働率一〇〇%を続けたのである。

国内のビジネスホテルにおける稼働率の平均は六八・八%（二〇一二年一〇月―一二月期　観光庁宿泊旅行統計より）である。七十数パーセントを超えれば支配人としてはやり手と言っていい。ところが彼は宿泊料金をディスカウントすることなく、満室を半年も続けた。ホテルの支配人としては空前の記録だろう。

「私がやっている仕事はサービス業の最たるものだと思います。ホテルは設備がいくら良くても、サービスが悪ければお客さんは二度と来てくれません。

　これまで、ホテルサービスの真髄とは従業員の笑顔だと言われてきました。確かに、それはそうなのですが、笑顔があればお客さんが来るわけじゃない。笑顔は当たり前。私はホテルサービスの真髄とはいかにして準備するかだと思う。部屋は髪の毛一本落ちていないくらいにきれいに掃除しておく。チェックイン時にフロント前に行列ができないように従業員のシフトを考える。きちんとした準備さえしていればお客様は満足してくれます。現に、私はこれまでただの一度もダブルブッキングをしたことはありません。旭川で満室を続けた時も、ダブルブッキングはしていない。準備さえしていれば防ぐことはできるのです」

ふたりで四年間、働けば四〇〇〇万円になる

西尾寛司は一九八三年、大阪生まれである。市立都島工業高校を卒業し、業務用ソフトの会社に入社。営業職となる。一年後、沖縄支社に転勤となり、そこで四つ年上の工藤涼子と出会った。ふたりはともに沖縄の空気、風景を気に入って、楽しく仕事をしていたのだが、会社の業績が思わしくなくなり、西尾は転職。大阪に戻ることになった。涼子もまた後を追って、大阪で職を見つけはしたのだが、ふたりの間では「沖縄に戻って、自分たちで商売をしてみたい」という夢があった。

涼子はうちに帰るとＰＣに向かい、「独立」「開業」といったキーワードを打ち込んでは、将来のために資金を貯められる格好の仕事はないものかと検索していた。独立、開業するにはいくつもの選択肢があったのだが、ふたりにしてみればいずれも「帯に短し、襷に長し」といったものだった。たとえばコンビニ経営である。成長している産業だし、場所さえいいところにあれば安定して生活していけると思ったが、ふたりはコンビニをやり

たいとは思わなかった。それに、コンビニ経営にはそれなりの独立資金が必要だったのである。カレーの「ＣｏＣｏ壱番屋」にも夫婦向けの独立プランがあり、しかも資金は少なくてよかったけれど、カレー屋としてのふたりの将来を想像することができなかった。

当時、涼子が頭に描いていたのは次のようなことだ。

「お金を貯めることができて、しかも、自分たちがやったことのない『経営』というものを勉強できるような仕事がないかしらと思っていました。私たちは沖縄で民宿とか、レストランをやりたいとは思っていたけれど、中身まで決めていたわけではないんです。ああでもない、こうでもないと検索しているうちに、見つけたのがスーパーホテルの支配人でした。それで説明会に行ってきたのです」

涼子が「スーパーホテルはどう？」と聞いた時、西尾は「うーん」と腕を組んだ。

「オレにできるんかな。はっきり言って、愛想のいい方でもないし……。ホテルの支配人なんて、できるもんかな」

涼子はひとりで説明会に出た。そして、同社社員の話を真剣に聞き、メモをしてきたものを前に、西尾に話しかけた。

「ふたりで四年間、働けば四〇〇〇万円近くになるの。その後は何をしてもいい。どう思う？　私はやってみたい」

懐疑的だった西尾も決心した。そうして、二〇〇九年、ふたりは支配人職に申し込み、無事、合格する。四〇日間(現在は五〇日)の研修を経て、九二室のスーパーホテル八戸長横町の支配人、副支配人となることが決まった。西尾が二七歳、涼子は三一歳の時である。

ここで、スーパーホテルとその支配人のシステムについて、説明が必要だろう。

全国に一〇四軒を展開するスーパーホテルの支配人は基本的には同社の社員ではない。西尾夫妻のように、研修を経たカップルが個人事業主となって、スーパーホテル本体と業務契約する。四年間の契約期間の間、ホテルのなかにある居住施設(家賃、光熱費タダ1LDK)に住み込んで自分たちで雇ったアルバイトとともに働く。

マンションや社員寮に住み込む夫婦の管理人といった感じだろうか。報酬はふたりで最低、三九七〇万円になる。四年の間、水だけ飲んで生活すれば全額が貯まることになるが、実際には生活費を使うので、満額とはいかない。それにしても、若い夫婦がまとまった金をつくろうと思った時には考慮に入れてもいい仕事と言える。

スーパーホテルでは省力化することで利益を出している。チェックインは自動精算機で入館した時に行い、部屋のドアは鍵でなく暗証番号を入力して開閉する。部屋の冷蔵庫に飲み物は入っておらず、固定電話もないから、チェックアウトの際、フロントに寄ることなく、そのままホテルを後にすることができる。また、館内の清掃、リネン交換は外部の業者に委託しているし、無料の朝食についてくるサラダや副菜は契約した業者が毎朝、運んでくる。

支配人、副支配人がやることはマネジメント、経理、販売促進、フロントでの案内、部屋のチェック、朝食の提供といったことになる。シティホテルに比べて仕事の範囲は限られるが、そうはいっても、大勢の人間を泊めるのだから大きな責任がついてくる。地震や火事の際には真っ先に客を誘導しなければならない。年中無休で二四時間営業だから気の休まることがなく、アルバイトスタッフに後をまかせて旅行に出かけるなんてことはまずできない。

若い時の四年間を全力で疾走する覚悟がいる。夫婦仲がよくなければ続かないし、風邪をひいたり、病気で寝込むこともできない。実際、応募して支配人になったのはいいものの、「仕事が合わない」「健康を害した」といった理由でやめていく者もいる。

ともあれ、西尾と涼子の支配人生活は八戸からスタートした。

お客の視点で部屋に入りベッドに寝てみる

「ビジネスホテルのサービスとは何か。そして、自分が得意なところをどう生かせばいいか」

西尾は支配人をやる前からそればかり考えていた。営業マンとしては仕事のできる方だったから、商品を売ることはできる、飛び込み営業だって苦にならない。しかし、支配人と営業マンではやることが違う。彼はそれまでの仕事生活で自分が得たものは何か、そして、支配人をやるにあたって、武器として使えるものはないものかと頭をひねった。考えているうちに、やっと、ひとつの答えをつかんだ。

「自分の武器は誰よりもビジネスホテルに泊まったことがあるという自信です。営業マン時代、一年のうち二五〇泊はビジネスホテルに泊まりました。しかも、北から南まで国内のあらゆるビジネスホテル、旅館を利用しました。その経験をスーパーホテルの運営に生かしていけばいい。客の目線でホテルのサービスを考えていけばいいと思った。

私は普通の営業マンでした。帝国ホテルやリッツカールトンには泊まれなかったから、一流ホテルのことはわからない。でも、営業マンとして泊まったビジネスホテルにはいろいろ言いたいことがありましたから、そこを改善していけば、絶対にいいホテルになると思いました。

営業マンがビジネスホテルにチェックインする時はたいてい、くたくたに疲れています。朝の五時から車に乗って得意先に出かけていくと、文句を言われて怒られたりする。また車を運転して次の得意先へ行く。道を歩けば暑かったり、寒かったりで、身体は疲れる。会社に戻れば上司から怒鳴られ、うちでは嫁さんに叱られる。それが営業マンの生活です。出張しても、へとへとです。夜遅くホテルに着いたら、カギをもらって、寝るだけ。そんな生活ですけれど、それでも、あそこに泊まってよかったというホテルがあるんです。私自身があそこはよかったと覚えているホテルのサービスを真似すればいい。そうすることにしました」

西尾は客の目となって、すべてのサービスを見直すことにし、スタッフの先頭に立って、改善を始めた。

まずは「一瞬のサービスを大切にする」ことである。スーパーホテルでスタッフと客が顔を合わせるのはチェックイン、そして朝食時のせいぜい二回だ。少ない機会しかないのだから、その分、せいいっぱいの笑顔で挨拶をしようと誓い合った。

「チェックインと朝食はスタッフを増やしました。朝食は無料ですけれど、セルフサービスです。本来は誰も何もしなくても、文句は出ないでしょう。しかし、私は副支配人とスタッフに、トレイを手渡しして、おはようございます、と挨拶するようにと命じました」

西尾は副支配人の妻とは働く時間帯を分けることにした。どちらかが必ず起きていて、つねに館内をウォッチする体制を整えたのである。妻は朝四時に起きて、パンを焼き、朝食の支度をする。その時間、彼は事務室の裏にある1LDKの住居で休む。

次に西尾が手をつけたのは部屋の清掃を客の視線でチェックすることだ。着任したスーパーホテル八戸長横町は建築してから時間が経っており、汚れていたわけではなかったものの、外観は古びて見えた。顧客アンケートではスーパーホテル一〇四店舗のうち、下から数えた方が早い順位だった。そういった建物だったから、清掃には力を入れないとイメージはよくならない。西尾は掃除を徹底させることにし、毎日、午後になると部屋を回り、ベッドに寝転んではぐるっと見渡し、目を皿のようにしてゴミを探した。

「一日に一〇部屋を無作為にピックアップしました。部屋に行き、ベッドに寝てみるんです。部屋がきちんと掃除されていたら次はユニットバスを点検する。私が営業マンだった時、いちばん嫌だったのは、シャワーを浴びていて、ふと上を見たら、換気扇に黒いカビやホコリがついていることだった。だから、換気扇は必ずチェックして、黒いカビを見つけたら、デジカメで写真を撮りました」

写真を撮って、それでどうするのか。むろん依頼した清掃業者に注意するのだが……。

「今度からは気をつけてくださいね。髪の毛一本、落とさないように注意してくださいね」。

たいていは業者にそう伝えておしまいだろう。

だが、西尾は執拗だった。現場の人間に伝えるだけではよしとせず、髪の毛一本が落ちていただけでも、必ず相手のオフィスまで出かけていって、幹部と話し合いを持った。営業マン時代に培ったクロージングの精神と言える。単に言いっぱなしでは、人は何も行動を起こさないことを彼は体験として熟知していた。

「私が目的としたのは原因の究明です。

なんで髪の毛が落ちてるの、どうしてなのとそれだけを聞いたのです。相手にとっては困惑するでしょうし、嫌な奴だなあと思うでしょう。それでも私は、オレはこんな人間なんやと知らせておきたかった。オレはこんなに粘着質な人間なんだから、あなたは逃げられんよと言いたかった。業者の事務所を訪ねたのは一度や二度ではありません。ミスがあるたびに、清掃業者へもリネン業者へも出かけていった。

時間が経つうちに相手も態度が変わってきました。最初は顔を合わせてすぐに、『すみません』と謝っていた人がだんだん真剣に話を聞いてくれるようになった。一緒に善後策を練ることができるようになった。

私はビジネスホテルの清掃がいかに大変かはよくわかっているつもりです。特にユニットバスの清掃は重労働でしょう。夏は冷房を切ったままだから、暑いなかで狭いところにしゃがんで掃除をしなきゃならない。汗が出てくるからバンダナを外してタオルでぬぐう。それで髪の毛が一本、落ちたりする。そこをわかっているから、僕は話し合いをするんです。バンダナではなく、帽子をかぶることにしませんか、と。

そうやって、嫌な役割を一年間、続けていくと、いつの間にか、相手が僕を見る目が変わる。この人は熱心なんだ、嫌な奴でなく、信頼できる人なんだ。だから、一緒に改善した方がいいとなってくる。業者さんとはとことんつきあった方がいいんです」

フロントのサービスにしても、朝食の内容にしても、自分たちの都合で仕事をするのでなく、「お客さん目線」で考えて改善していくことにした。

たとえば、ある客がクレームを言いに来たとする。どうつくろってみても、「嫌だなあ」という感情が表に出てしまう。そういう場合はあらためて「ホテルに落ち度があった時、自分が客だったらどうするか」を考えてみる。自分がこのホテルには二度と泊まりたくないと思ったとしたら、クレームなどしないだろう。クレームをするのは、ホテルに変わってほしいと思っているからこそだ。もう一度、泊まってみたい気持ちがあるから、フロントまで行って言葉をかける。

西尾はそういう客の気持ちを洞察してクレームに対応するよう、スタッフを指導した。つまり、クレームへの受け答えは客からの面接試験なのである。上手に対応できれば客は不満には思わない。結果として、常連客をひとり増やすことにつながるのだ。

そうして、ホテルのサービスを変えていくうちに、だんだんと常連客が増えていった。

一方、涼子は夫のサポートに徹することにした。朝食の支度、フロント業務もこなしたけれど、多くの時間は、仕事熱心なあまり、業者やアルバイトと軋轢を起こす夫をフォローすることに費やした。

「周囲のみなさんには、イライラしたり、怒ったりするかもしれないけれど、気にしないでと言いました。あの人は小学生ですから、小学生の男の子だと思って、つきあってくださいね、と。彼は決して、好き嫌いの感情で言っているのでなく、何でもかんでも口に出してしまうんです。私は支配人とみんなの間に入る役目なんです」

西尾が相手を厳しく問い詰めても、涼子がサポートしたからホテルはうまく回っていったのだろう。着任当初、顧客アンケートでは最下位に近かった八戸長横町は順位を上げていった。サービスの力が評価されたのである。

泊まりたい人を泊めるのがホテルやないですか

スーパーホテルの支配人は四年の契約期間に、ふたつから三つのホテルを経験する。実績を上げた者は部屋数の多いホテルや新規開業のホテルを担当し、そうでない者は同じ規模のホテルに回る。西尾夫妻が二軒目にやることになったホテルは新規オープンの物件で、ふたりは二〇一一年三月末の開業よりも三か月早く旭川に赴いた。

「新規だと常連さんがいないわけですから、稼働率は低くなります。そこをなんとか打開するにはどうすればいいかと考え、営業マン時代に培った力で飛び込み営業をやったのです。パンフレットを持って、札幌市内の企業を回りました。調べてみると、旭川に泊まるのは札幌から来る人がいちばん多いとわかったからです。

回ってみたら、意外と話を聞いてくれる人は多かった。

スーパーホテル？　ああ、泊まったことあるよ、と。企業の人は出張したら、必ずどこかのホテルに泊まるわけだから、先方も話は聞いてくれる。僕としては一度でも泊まってもらえたら、あとは現場でサービスして、次の機会につなげていけばいい。リピーターを獲得することが飛び込み営業の最大の目的です。

ただ、話を聞いてくれるとは言っても、どこの会社でも、すんなりと入れてくれるわけではありません。『結構です』『いりません』と言われたら、はい、そうですね、と引き下がってくる。それだけです。気を落とさず、へこたれずに次に行くしかない。一度、スーパーホテルの新規開業ですと話したら、苦笑されたことがあった。私は知らなかったけれど、あるホテルチェーンの親会社だったんです。そりゃ、いくら営業してもダメですよね」

彼の言葉にもあるように、いま、儲かっている飲食店、ホテル、旅館といったところはいずれもリピーターの獲得を目指している。リピーターに繰り返し利用してもらうことも狙いだが、それ以上に、リピーターの口コミがありがたいのである。いまの客はネットやメディアで情報を手に入れるけれど、最後に信頼を置くのは確かなセンスを持った知人の紹介なのである。

オープンするまでの間、集中的に飛び込み営業をしたおかげで、ホテルの予約は埋まり、スーパーホテル旭川は一〇〇％稼働を六か月も続けることができた。また、開業してからも販促については努力を欠かさなかった。ある客がキャンセルの電話をかけてきたら、西尾はすぐに携帯番号を教えてくれた常連客に「キャンセルが出ました」と一報を入れた。すると、居酒屋で待機していたり、他のホテルの予約を取っていた常連客が駆けつけてくれたのである。満室を半年間も続けるためにはキャンセルが出た場合の対応措置も用意しておくことが必要なのだ。

ただし、ふたりがまったく予期していなかったこともあった。冬の旭川はまるで未知の世界だったのである。厳寒の時期には、外の気温はマイナス二五度にもなる。大雪になれば業者に連絡しても間に合わないから、西尾みずからが長靴を履いて雪かきをしなくては入り口が埋まってしまう。冬の間、彼が途方に暮れたのは、ある日の夜中にホテルの暖房が故障したことだった。

「あれには往生しました。東京の冬とは違うんです。室内でもマイナス五度になってしまうから、暖房が壊れたら終わりです。私はお客さんに謝りながら、熱い缶コーヒーと毛布を配って歩きました。幸い、二時間くらいで故障が直ったからよかったものの、朝まで寒いままなら大変でした。やっぱり、その地方で生活していないとわからないことってたくさんあるんです。仕事しながら勉強しているわけです」

アクシデントはあったものの、スーパーホテル旭川も業績は好調だった。飛び込み営業とサービスの充実でリピーターは増えていき、開業一年後のリピーター率は七〇%を超えた。旭川に泊まった一〇人の新規客のうち、七人はもう一度、泊まりに来たということになる。

西尾はリピーター率が高いことについて、「自分は他のホテルならば逃げてしまうようなお客さんを大切にしているから」と言った。

「僕自身、経験があるんですが、チェックインの時間を過ぎて、夜遅くホテルに着くと、フロントの人が不機嫌なんですよ。新幹線の時間が遅れた、事故で道が混んでいた、営業先との会食が長くなった……。そんな時、やっとホテルに着くと、『お客さん、チェックインは午前〇時までなんですよ』って不機嫌に言われる。猛烈に腹が立ちます。こっちだって、申し訳ないと思いながら、フロントに行くのだから。腹を立てながらも、僕は、バカなヤツだなとも思っていた。お金をもらって泊まってもらうのに、嫌味を言ったら、その客は二度と来ないでしょう。

遅く着く客だけでなく、酔っ払いや言葉遣いの乱暴なお客さんがいます。面倒くさい人たちです。たいていのフロントはそういう人が来たら、『すみません、満室です』と断ってしまう。面倒が嫌だから、逃げているんです。

でも、僕は逃げません。泊まりたい人を泊めるのがホテルやないですか。遅く着いても、酔っ払いでも、言葉遣いが乱暴でも、お客さんなんです。自分が嫌だからと逃げていたら、売り上げなんか上がりません。

僕は酔っ払いなら部屋まで案内します。暴力的な人は困りますけれど、ほとんどの人は酔っ払っても、内心はすみませんという気持ちを持っている。事実、翌朝になると、迷惑をかけましたと謝ってくる人がほとんど。ある漁師さんなんか、酒飲んで大声出して悪かったと箱一杯のイカを送ってくれました」

西尾が語ったことが彼がビジネスホテルでやっているサービスの真髄だろう。リッツカールトンの洗練されたサービスとは多少、異なるところがあるけれど、本質的には似ている。客が本当にやってほしいことをやる。しかも、他のサービスマンたちが避けて通ることをやる。西尾の考えたサービスとは泊まりたいと思っている人に宿を提供することだ。

ずっとそばで見つめてきた涼子は夫がもっとも勉強し、成長したのは旭川のホテルを運営していた時代だと感じている。

「私たちにとってビジネスホテルの仕事は勉強です。なかでも、いちばんの勉強は人とかかわっていくこと、ちゃんと話をすることだと思います。人とのかかわりは世の中でいちばん大切なことです。

私はお客さんとちゃんと話しました。掃除の現場で働くお母さんたちとは、お菓子を食べながら話しました。アルバイトの女の子とも向き合って話をしました。話をしていると、みんな、大変なんだなあと思います。大変な思いをしながら仕事をしていることがよくわかります。毎日が勉強でしたから、休みがなくても楽しく暮らしています」

西尾がやっているホテルサービスとは、決して逃げないことだ。逃げずに、他のホテルマンが敬遠する客をすすんで受け入れている。そして、さらにひとつ特徴がある。彼はスーパーホテルの支配人生活を勉強だと考えている。お金を稼ぎながら勉強をさせてもらっていると自覚しているから、自分の環境に感謝している。感謝の念を持ちながら働く人は生き生きしている。一方、会社の給料や待遇に不満を持ちながら働いている人は不機嫌だ。客にとって、どちらがありがたいかと言えば、むろん、感謝しながら機嫌よく働いている人である。

なんとなくここがいい、と。つまり、印象

さて、話は西尾夫妻が運営している新横浜のスーパーホテルについてである。

私はサービスを体験するために一泊してみた。チェックインして外の居酒屋で食事を済ませたら、あとは寝るしかない。部屋は広くはないけれど、髪の毛一本、落ちていなかった。ユニットバスははっきり言って狭い。しかし、換気扇にカビはついていなかった。そのままベッドに入って、すとんと寝た。

翌朝である。起きてすぐ、荷物を持って朝食会場へ行った。始まりは午前六時三〇分である。しかし、会場はすでに満席に近かった。日本のビジネスマン、営業マンたちは働き者なのである。朝食会場の入り口には涼子と女性スタッフが立っており、「おはようございます」と挨拶をしながら、トレイを渡してくれた。客の相手をしながら、彼女は教えてくれた。

「焼きたてパン以外にも、今日はやきそば、ハンバーグ、コールスローがあります。他に

もピラフ、マーボーなすを出すこともあります。パン以外のものが食べたいとおっしゃる方もいるので、できるだけ希望に合わせたいんです」

ビジネスマンたちの食事は早い。パンを詰め込んで、サラダを頬張り、コーヒーで流し込む。五分もかからない。新聞を広げながら、ゆったりとコーヒーを楽しむ人は皆無である。朝、ゆったりとコーヒーの香りを味わっているビジネスマンはテレビＣＭのなかにしかいない。

朝食タイムが終わり、午前一〇時過ぎになると西尾が居室から出てくる。その時、住居をちらと見たけれど、１ＬＤＫは広くない。しかし、ふたりで住むのならば我慢はできる。それよりも、大変だなあと感じたのは住居の場所だ。ホテルのフロント裏にある事務室と直結している。ドアを開けたら、いきなり仕事場だ。通勤時間が長いのも嬉しくないが、ドアを開けたら、そこが仕事場というのは居心地がよくないのではないか。二四時間、仕事と接しているようなものだから、緊張を解くことができない。ふたりはその環境で四年間、働かなくてはならないのである。元来は旅行好きな西尾夫妻だけれど、支配人生活の間は「ホテルを留守にするなんて考えられない」。

起きてきた西尾がやることは早く着いた客の荷物を預かったり、予約表を眺めてキャンセルが出ていないかを確認したり、である。そして、自動チェックイン機から現金を取りだして数え、銀行へ持っていく。戻ってきたら、もはや彼の趣味とも言える部屋の清掃チェックを行う。雇っているアルバイト一〇名にも手伝ってもらうことはあるが、現金を扱うこと、部屋のチェックは基本的には彼の仕事だ。そうして、空き時間は稼働率一〇〇%を目指して戦略を練る。

「新横浜という土地柄を考えることが欠かせません」

八戸、旭川は九〇室程度だったが、新横浜は二六六室と大きい。ツインもあるから、最大で六〇〇人が泊まることもある。また、横浜観光を目的とした家族連れも泊まるから、法人を相手にした飛び込み営業だけに頼ることはできない。地域に合わせて、新たな集客を考えなくてはならない。

「土曜、日曜は横浜観光の親子連れがやって来ます。また、新横浜には日産スタジアムと横浜アリーナがあるからサッカーの試合やコンサートでファンが集まってくる。イベントがあればすぐに満室になるのですが、ファンだけに部屋を利用してもらうとビジネスマンが困ってしまう。たとえば年末にはFIFAクラブワールドカップがあるのですが、試合がある日は半年前から新横浜のホテルはすべて満室です。宿泊料金を二倍以上に上げるホテルすらあります。もちろん、うちも予約が入っていますが、満室にはしていません。普通の営業マンのために最低でも二〇室は空けてあります。

仕事なのに、宿が取れないのは頭にくるんですよ。それに、営業マンはバカ高い値段は払えません。私も営業マン時代、青森で、ねぶた祭りと重なったために往生しました。宿が取れなくて弘前のホテルを取ったことがありました。その時のことを思い出すと、どんな時でも営業マンのために部屋を確保しておきたいんです」

西尾はつねに、ニコニコしているわけではない。一流ホテルの支配人のなかには笑顔が顔に貼りついたような人もいるけれど、彼はどちらかといえば、無表情に近い。とっつきにくい顔をしている。だが、彼はそれも自覚している。だから、やたらとニコニコするよりも、営業マン用の部屋を確保したり、ダブルブッキングがないよう、予約表をチェックしたりという準備に万全を期すのだ。

「サービスがいいね、すごいねと言われるホテルは従業員の笑顔がいいんじゃないんです。実は準備がいいんですよ。準備さえちゃんとやっておけば必ず数字に表れてくる。そうして、ホテルの業績がよくなったら、従業員も笑顔になります。

私は自分たちのサービスがいいか悪いかをお客さんに聞くようにしてます。

『どうしてでしょうか？　どうして、うちのホテルを選んだのですか？』

ストレートに質問すると、お客さんの本音がわかる。聞く前までは料金が安いのがいいんじゃないか、朝食が無料だから泊まるんじゃないかと推測していたんですけれど、ほとんどの人の答えは違います。料金でも無料朝食でもない。

みんなが言うのは、なんとなくここがいい、と。つまり、印象なんです。印象がいいからリピーターになる。きちんと仕事をして、たまにニコッとして、年寄りや荷物の多い人や家族連れに気を配っていたら、なんとなく居心地のいいホテルになるんですよ。

うちはリッツカールトンと違います。大衆向けの居酒屋かもしれません。だけど、なんとなくいいホテルです。私の仕事は、なんとなくここがいいと感じる人たちを増やしていくこと。それは簡単じゃありません」

西尾夫妻はあと一年したらスーパーホテルとの契約期間が終わる。二年間は契約を延長できるけれど、ホテル支配人としての生活はそこまでだ。他のホテルで支配人をすることもできるだろうけれど、スーパーホテルとはまたシステムが違う。まあ、ふたりならばどんな仕事でもやって行けるとは思うけれど、せっかく、ホテルで得た体験や知見を活かすところはないものかとも思う。しかし、それは彼らふたりが考えることで、私がとやかく言うことではない。

プロフェッショナルサービスマンとして、ふたりは残る期間を全力疾走するだろう。

私は妻の涼子に「あと一年後には何をする予定ですか」と尋ねてみた。答えが返ってきた。

「将来のことはまだわかりません。ホテルの仕事に入る前までは沖縄でお店をやりたいと思っていました。でも、いまはまったくわかりません。毎日のホテル生活を充実させることしか考えていません」

ひとつだけ、わかっていることがあると彼女は付け加えた。

「終わる時は泣きます。泣くと思います。八戸の時も、旭川の時もホテルを移る時、私は泣きました。スタッフやお掃除のお母さんたちと別れるのがつらかったし、八戸も旭川ももう行くことがないように思ったからです」

しかし、夫の方は一度も泣かなかった。西尾は表向き、感情を高ぶらせた様子を見せることはなかった。

涼子は何かを思い出して、くすっと笑った。

「そういえば、お客さんに、今度、新横浜のホテルに移りますと言ったら、泣かれたことがありました」

その客はある会社の人事担当で、東北、北海道を回り、面接をしていた。旭川では必ず西尾夫妻のスーパーホテルに泊まっていたけれど、夫妻は客の名前は知らない。だが、何度も話をしたという。

「その方、朝食に出すソフトパンが大好物なんです。旭川ではクロワッサンとソフトパンを出していたのですが、その人はいつもソフトパンを何個も食べていました。私も気になって、朝食コーナーにソフトパンがなくなっていたら、やばい、追加しなきゃって、パンをどっさり置いておきました」

朝食の後、涼子はスタッフと一緒に「行ってらっしゃい」と見送るのだが、ソフトパンの人には転勤のことを告げることにした。

「急にすみません。私たち、異動になりました」

そう切り出したら、ソフトパンの人は「えーっ」と言ったきり、絶句した。いいおじさんである。それなのに、その場に突っ立ち、目にはうっすらと涙を浮かべていた。

涼子は思った。

私が新横浜へ異動することが悲しいのかしら、それとも、ソフトパンが心配なのかしら……。

彼女が言っている、人とのかかわりとは、たとえば、ソフトパンを切らさないようにすることだ。とても些細なことである。しかし、人は些細なことでも、親切にしてもらえば、それを忘れない。サービスとは些細な親切心でもある。

「稼働率一〇〇%」ホテル支配人西尾夫妻に学《まな》ぶチェックリスト

□プロは「一瞬のサービス」を大切にする
□プロは自分でベッドに寝転んで部屋をチェックする
□プロはクレームを「客からの面接試験」と思う
□プロは嫌な客から逃げない
□プロは「準備」に万全を期す

第七章

「餅つき」だけで大繁盛旅館をつくった主人

「餅つき」だけで大繁盛旅館をつくった主人

餅つきに使う臼は樹齢三五〇年のケヤキから作ったもの。側面に大きく「愛」の一文字が彫りこんである。直径は一メートルで重さは三〇〇キロ。屈強な男性が数人がかりでも絶対に持ち上げることはできない。せいぜい、台車に載せて、そろりそろりと動かすことくらいだ。

立派な臼の周りには作務衣を着た男が四人、杵を持って踏ん張っている。うち、ひとりがいちばん大きい重さ一五キロの一本杵をまっすぐに振り上げる。杵を持つ腕の力こぶが盛り上がる。

「ふんっ」と息を吐いて、どすーんと落とす。

周りからいっせいに「よいしょっ」と声がかかる。ついているのは旅館「瀧波」社長の須藤清市、五六歳。

彼は杵をもう一度、振り上げる。ふたたび、どすーんと落とす。「よいしょーっ」「よいしょーっ」と広間で餅つきを見ている客たちから声がかかる。須藤は額に汗を浮かべ、杵を振り上げては落とす。何度も繰り返す。合間に返し役のベテラン女性従業員が「はいっ」と合いの手を入れ、臼のなかの餅に水をつける。

もち米は山形産の「こゆきもち」である。小粒だが、真っ白で粘りがあり、極上の餅に仕上がる。従業員のおばちゃんは朝の五時から準備を始めて、せいろでこゆきもちを蒸す。蒸す時には赤湯の源泉を使う。源泉はナトリウム、カルシウムなどを含有する塩化物泉で、飲用に耐えうる。保健所がうるさい、いまの時代に飲用できる源泉を持つ宿は赤湯でも二軒だけだ。瀧波では、泊り客に「一日に四三二ccを飲めばいい」とすすめている。だが、実際にはそれほどの量は飲めないから、餅を蒸す時に使う。餅を食えば、源泉を飲むのと同じ効果が得られるからだ。

さて、朝の餅つきである。社長の須藤、男性従業員三名は代わる代わるに大きな杵を振り上げて、どすーん、どすーんと落とす。一〇〇人収容の広間の畳が振動する。畳や床には相当の負荷がかかっているから、いつか床が抜けるんじゃないかと心配になる。

それほど彼らは全身の力を込めて餅をつく。あらためて眺めていると、餅つきとは全身全霊の力を込めた心技だとわかる。都会の人間が正月前にふらふらした腰つきでぺったんぺったんやるのはパフォーマンスに過ぎない。力を込めて心を入れないとなめらかで粘りのある餅はできない。見ている客もまた、つき手の熱が移ってきて、手に汗を握る。身体もほてってくる。早春の山形は肌寒かったが、瀧波の朝食会場には汗と熱気があった。

社長が毎朝、自ら餅をついて客にサービスすることで知られるのが旅館「瀧波」。山形県の温泉地、赤湯にある老舗だ。創業は大正四（一九一五）年。現在の社長、須藤清市は六代目である。

「東京の武蔵大学を出てふるさとの赤湯に戻ってきました。戻った次の日の朝から当時、社長をしていた親父と一緒に餅をついています。もう、三〇年にはなるでしょうか。東京に出張して、酒を飲んでいても、最終列車に間に合うようにして帰ってきます。そして、翌朝は必ず餅をつく。海外出張で餅つきができない日もありますが、それ以外は毎朝、ついています。お客様がいる限り、死ぬまで餅をつきます」

和風旅館の楽しみといえば温泉、朝・晩の食事、庭や周囲の美しい風景の三つだろう。なかでも、旅館の朝食は大きな部分を占める。早起きして温泉を浴びた後の朝食は捨てがたい。アジの開き、玉子焼き、ほうれん草のごま和え、納豆、あさりの味噌汁、炊き立ての白いご飯……。いずれも自分のうちですべてを準備しようと思えば手間がかかる。とても毎日は食べられない献立だけに、「旅館の和風朝食を食べるのが目当て」という客は少なくない。旅館にとっても集客の目玉になりうる武器である。なのに瀧波は最大の武器を放棄して、餅を出す。むろん、どうしても「餅は嫌いだ」という客には普通のご飯も出すけれど、九割九分以上の宿泊客は餅つきを見て、自分も参加し、そして、餅をほおばる。

瀧波が他の旅館と違う点は単純に言えば、餅つきをやっていることだけだ。たったそれだけのことなのに、赤湯の瀧波は旅館業界に襲いかかるリーマンショック以来の不況、東日本大震災の影響をものともせず年間に三万人という数の客を集めている。餅つきという素朴なセレモニーが三五室の宿を救っている。

山形県の赤湯温泉は東京から新幹線で二時間二〇分。平安時代の末期、一〇九三年に開湯した温泉で、歴史は古い。しかし、すぐ近所には天童、上山という大型旅館の集積地があり、そちらと比べると、なんとなくパッとしない雰囲気だ。ただし、前述のように源泉を飲用できることと温度の高さは特筆すべきだと思う。地元の人が利用する町の公衆浴場に入ってみると、慣れていない人はあまりの熱さに卒倒するに違いない。湯温は摂氏五〇度を超えており、つま先を入れただけで全身に緊張が走る。少しずつ少しずつ身体を湯にひたしていくことになるから、肩までつかるには五分はかかってしまう。さすがに旅館の内湯はそこまでの温度ではないが、それでも他の温泉地に比べれば赤湯の風呂は熱い。

瀧波は旅館が二〇軒近くある赤湯でいちばん規模が大きい。三五室で一八〇人を収容する。ただし、収容力はあるが、団体向きではない。先代社長が建築道楽だったと見えて、ひとつひとつの部屋がすべて異なる規格となっている。庄屋屋敷の母屋、数寄屋造りの居間、大正時代の木造校舎を客室に改造した部屋……。つまり、団体客を割り振るようには造られていない。団体客で稼ぐわけにはいかず、グループ客、個人客をターゲットとするほかはない。ただし、最初から団体客を目当てにしなかったことは瀧波の足腰を強くしたとも言える。社員旅行、団体旅行が激減した現在、どこの旅館も画一的な部屋、料理を排して、さまざまな工夫を凝らさなくてはならないからだ。しかし、それでも昨今の経営環境はよくない。東日本大震災は秋田、山形をはじめとする東北の温泉地を直撃した。福島原発の影響もあり、人々はいまだに東北を敬遠している。

社長の須藤は力のない笑いを浮かべながら言う。

「鹿児島で旅館をやっている友人は、いま鼻息が荒いんです。九州新幹線の影響もあり、お客様が増えているそうなんです。昨年対比で二五〇%以上も伸びたと言ってました。ひとつは東北に来ていた修学旅行が全部、九州へ行っちゃったこともある。東北は正直言って苦しいです。福島の原発に近いからと、お子さんを持ったお父さん、お母さんがいらっしゃらなくなりましたし、海外からのお客さんも激減しました。うちには香港とヨーロッパからの客が多かったのですが、それもいまは来ません。

しかし、私はあきらめていません。こういう時こそ、毎朝、餅をついて祈ります。東北が早く復興すること、そして、うちにお客様がいらっしゃるようになること。祈りながら杵をふるっています」

餅をついて、ついて、つきまくる

須藤清市が生まれたのは一九五六年。高度成長のまっただなかだ。当時の赤湯は地元客が中心で、広域から客が通ってくる温泉地ではなかった。それも、宿泊よりも宴会の需要が多かったという。

「山形には、さなぶり（早苗饗）という宴会があります。田植えが終わった後、農家が集まって、ご苦労さんと酒を飲む。その会場が温泉旅館でした。五月の中旬から六月まで、地元の農家が宴会をしに来ます。朝食を食べながらの宴会があって、昼の宴会もあります。夕方と夜も宴会です。夜にやる人は泊まって、朝もまた酒を飲む。一升や二升は軽く飲むような、のんべえの集まりでした。他にも、花見、暑気払い、収穫が終わった秋の宴会……。宿泊よりも宴会で回していました。芸者さんも大勢いましたし。あの頃の温泉旅館は赤湯だけでなく、天童も上山温泉も宴会需要があり、歓楽型です。私は小学生の頃は毎晩、宴会に出す燗酒の番をしてました。すると、芸者さんが来て、あら、坊ちゃん、小っちゃいのにお手伝いして感心ねえなんて、頭を撫でてくれて……」

須藤は長男だったこともあり、子どもの頃から旅館を継ぐつもりだった。幼いなりに家業を見つめ、父親がやっていた餅つきも見ていた。

「当館は大正年間から営業していましたけれど、餅つきを始めたのは戦後です。ただし、山形では餅をつく機会が多いんです。正月はもちろん、誕生日、新築祝い、年祝い……。めでたい時には餅をついて、近所にも配りました。山形だけの話でなく、日本の農村はどこでも同じだと思います。なぜ、毎朝つくようになったかといえば、それは親父の発案です。『戦争中は暗かった。戦後は民主主義だ。明るくなければいけないんだ。だから、餅つきだ。派手でパーッとしていていいから、これからは毎日やる』と突然、始めたようです」

こうして、物心ついてから餅つき朝食を見て育った須藤は地元の中学、高校の後、東京の武蔵大学に進む。いずれは父親に代わって旅館を経営していこうと考えていた彼にとって大学で勉強するつもりはなく、また、体育会や同好会などのクラブ活動に取り組む気持ちもなかった。時間がありあまる学生のうちに国内外のホテルや旅館のサービスを体験してやろうと思ったのである。目指した先はヨーロッパの観光地だった。ドイツのロマンチック街道、イギリスの湖沼地帯、フランスのプロヴァンス、スペインのアンダルシア……。

ロンドン、パリといった都市よりも、観光で食べている町の小規模なホテルに宿をとった。そういったホテルを泊まり歩いているうちに、おいしい食事とライブショーが合体している現場に出合う。

―ギリシャのアテネでした。パルテノン神殿の近くにはタベルナや小さなホテルがあるんですが、あるタベルナでのことです。ギリシャ料理を食べた後、客はみんなで肩を組んで踊る。その際、皿に願い事を書いて背後に投げて、割るんです。イタリアのピザ屋ではピザ生地をくるくると回したものを焼いて、客に出していました。また、ミュンヘンのビアホールではビールを飲みながらみんなで合唱する。そういうものを見ていて、うちの旅館がやっている餅つきも食事とライブショーが一緒になったものなんだと納得しました。世界中の観光業、サービス業の人間は客に喜んでもらうために知恵を絞っているんだなとわかりました」

大学を卒業した翌日、須藤は東京のアパートを引き払い、赤湯の実家に戻った。そして、父親の片腕として、客の出迎えから掃除、布団の上げ下ろし、餅つきの介添え役まで、旅館の現場を経験する。

帰郷した翌年、東北新幹線が開業した。東京から盛岡までの所要時間はそれまでの特急やまびこに比べて三分の一の二時間二〇分。首都圏の客が東北の観光地、温泉地に大挙してやってくる起爆剤のひとつが東北新幹線の開通だった。

瀧波にも東京やその周辺からグループ客、個人客がやってくるようになり、父親が朝の餅つきをするとなると常時、百数十人分のもち米を蒸しておかなくてはならないほどの盛況ぶりとなる。

朝の餅つきは単純に餅をつくセレモニーではない。餅つきの様子を見せながら、社長がマイクを持ち、山形の歴史や自然について、赤湯の源泉の効能についてとうとうとしゃべる。宿泊客にも杵を持たせて、餅をつかせ、最後に広間の大太鼓をどーんと叩いておしまいだ。つき手は体力の他にバスガイド顔負けの話術も必要なのである。

「うちの親父が話し出すと長かった。お客さんが多いと調子に乗ってどんどんしゃべるから食事が終わるまでに一時間近くかかってしまうんです。急いでいる人はムカついたと思います。遠くから来たお客様には山形の歴史は新鮮な話だろうけれど、地元や近辺の客にとってはよく知っている話ばかり……。

『おーい、おやじ、話が長い』『早く餅を食わせろ』と、文句が出る。ただ、父親の話を横で聞いていた時はなんでこんなに長くしゃべるんだと思っていましたけれど、いざ、自分がやりだすと楽しくて仕方ない。ツボに入るとだんだん長くなる。拍手や笑いが起こるともう、いけません。嬉しくなって、ついしゃべっちゃう。初めてしゃべった時は膝ががくがくふるえてましたけれど、いまでは恍惚として話している瞬間もあります」

須藤が帰郷して父親の手伝いをするようになった頃はまだバブルの前である。素朴な風情を楽しみにくるリピーターが大半を占めていた。時には旅行会社が送り込んでくる団体客もあったけれど、主体は自ら予約の電話をかけてくる個人客、仲間同士の客だった。旅行代理店にまかせる客よりも、自分で予約を入れる客は温泉旅館を厳しくチェックする。温泉の質、部屋、料理の内容……。とくにインターネット予約が一般化してから利用者は基本的な情報だけでなく写真を通して部屋の内装、部屋から見える景色、朝食や夕食の献立といった旅館の内容が価格に見合っているかどうかを比較するようになった。

旅館にとっては、自分の宿の特長とは何か、他の旅館よりも、どういった点が優れているかをちゃんと説明できなくてはならない。「うちの自慢は温泉と食事です」などといった月並みな文句やちゃちゃちなチラシにひっかかる個人客はほぼいなくなったのである。

須藤は内心、瀧波の行く末については危機感を抱いている。

「実は当館のような中規模で料金が一泊二食で一万円から一万二〇〇〇円といった旅館がいちばん生き残りには難しいのです。大型旅館ならば海外からの団体客をターゲットにする手がある。また、一〇室、一五室で料金が三万円以上の高級旅館ならば料理とサービスの質を上げて徹底的にお客様に尽くすやり方がある。うちのような旅館はどちらの手段もとれません。大型化するには資金がなく、また、高級旅館にするにはいまある建物を壊して、最初から少ない部屋を敷地に配置しなくてはならない。これまた金が要ります。

日本にある旅館の大部分はうちと同じような中堅規模の旅館です。高度成長からバブルにかけては黙っていてもお客様が来たので、増築、増築で部屋数は増えたけれど統一感はない。部屋数を減らしたからといってすぐに高級な雰囲気にはならないのです。では、どうするか。……そこが問題なんです。ただ、うちには餅つきの朝食という他の旅館にはない売り物がある。これを推し進めていくしかありません。餅をついて、ついて、つきまくる。ついてついて、つきまくる」

須藤は「餅をついてついて、つきまくる」と言いながら、立ち上がって杵を振り上げたり下ろしたりする動作をした。興奮したのだろう。

「ただ食事がおいしいだけの旅館ではもう無理です。以前は泊めて料金を稼ぐだけでなく、昼間の食事客の収入がバカにならなかった。ところが、いまは温泉町の食堂、レストラン、そば屋といったところも客間を用意して、日帰り温泉の後の食事客を惹きつけている。さきほど申し上げた農家のさなぶり自体も減っています。政府の農政は減反政策ですから米の収穫量は減っている。かといって田んぼを畑にするのも簡単ではありません。転作はままならないから、農家は『自己保全田んぼ』にして休ませるしかない。そうして、戸別所得補償制度でお金を補填してもらうのですが、米の収入よりも多いわけではない。昔ほど酒を飲む宴会はもうなくなったのです」

年間に三万人もの客を集めている旅館の社長といったら金持ちだと世間では思われている。事実、私自身もそう思った。須藤はボルボに乗っているし、赤湯のある南陽市の市会議員もやっていた。地元では富裕層に属するし、名士でもある。だが、実のところは将来に対して不安を抱きながらも、それを振り払って必死に働いているだけだ。建物は年々、老朽化するからいつかは建て替えなくてはならない。しかし、営業を半年も一年も休んで建て替え工事をする余裕などはない。いまのままの設備でなんとか旅館を回しながら、こつこつと金を貯めるしかない。そして、全国、どこの旅館もそうした現実に向かい合っているのである。

須藤は次々と新しい試みを導入している。客を連れての自然散策、田植えや稲刈りなどの農業体験、近所にできた地元産ワイン醸造所への見学会……。そうしたアイデアを日々考え、取り入れながら、いつものように客を迎え、餅をつき、同業者との打ち合わせにも出席し、東京へも出張する。旅館に休みはないから、経営者の彼もまた二四時間、年中無休だ。時には学生時代のように海外旅行もしたいのだけれど、客の世話があるからのんきに海外へなど行ってはいられない。自由になる金もほとんど持っていない。日本で旅館やホテルを経営している人の大半はみんな彼と同じような生活だ。旅が好きで仕事を選んだのだけれど、責任のある立場になってしまうと旅行に出かける自由を失ってしまうのである。

そんな彼らが心の底から熱望していることはひとつだ。

「どうやって生き残ればいいいか」

景気は冷え、少子化は進む。何の特徴もない温泉旅館はマーケットから退場するしかない。しかし、家族がいる。従業員も頑張っている。温泉町の旅館を取り巻く商店、飲食店、タクシーなども旅館がなくなることを望んではいない。

では、生き残りに答えはあるのか。須藤は答えを模索している。

「私は、お客様を増やすには三つの方策が必要ではないかと思っています。ひとつめは、いま旅をしていない人を旅人にして、しかも旅館に泊まってもらう。ふたつめは、一度、やってきた人を二度、三度と来てもらうようにする。最後は一泊で来た人に三泊してもらうようにする。

それぞれ宣伝をしたり、エージェントさんに頼んだり、ネットでブログを書いたり、ツイッターやフェイスブックで発信したり……。できるかぎりのことはやっています。しかし、それには、うちだけが持っている点がなければ主張できません。その点、うちがありがたいのは餅つきがあるからです。ただし、なんとかしのいでいるといった状況だと思う。餅つきだけでは早晩、行き詰まってしまいます。餅つき、自然散策、農業体験といったすべてを含めたテーマパークのようにしていけないかな、と。そうすれば連泊するお客様を取り込むことができますし……。父親が餅つきを始めたから、私は何か付け足さなくてはならない。大きな課題です」

「みなさま、合体です」

瀧波の餅つき朝食が始まるのは午前七時からと七時四五分からの二回である。一〇〇人が座れる広間の中央には大きな臼が鎮座している。主人の須藤に加えて調理部で働く従業員三人が介添え役として付く。

最初、臼を囲んだ四人のつき手が千本杵という細い杵を持ち、蒸しあがったもち米をこねる。全員、頭に手拭いを巻き、作務衣姿である。餅の状態にするまで、せっせと米粒をつぶしていくのである。

その間、広間の客たちは男たちの様子を見ている。バックグラウンドミュージックとして花笠音頭が流されている。

「めでた、めでたーのわかまつさーまーよ」と、調子のいい音楽だから、様子を見つめながら、身体を揺り動かす客もいる。つまり、客のテンションを高める工夫がなされているのだ。もち米をこねるのが一段落したら、頃合いを見計らって須藤がマイクを握る。

「みなさま、おはようございます。当館の主人、須藤清市でございます。さあ、いまは三月の末、真っ白な雪はまだまだ残っていますが、春まもなくという時でございます。いつも花冷えといいますか、赤湯に桜が咲く前は風が強かったり、雪が舞ったりでございますが、これもまた春の前触れ、みなさま、どうか今日一日、楽しくお過ごしいただきますよう、心よりお願い申し上げます」

すっかり没入していて、気持ちのよさそうな顔で話をしている。彼が語るのは赤湯の歴史、旅館の成り立ち、なぜ、毎朝、餅をついて宿泊客にふるまうか。それを真面目に話すのではなく、面白おかしく話すところが才能というか話術だろう。

「さあ、これから、お餅つきは仕上げに入ります。小さな千本杵でもち米をつぶしたものを私が大きな一本杵でついて、お餅にします。次に、一本杵を置いて、四人がふたたび千本杵を持ちます。ついたお餅をそれぞれの千本杵で餅を頭上に高く持ち上げるのです。四人の共同作業、これもまたお餅つきのセレモニーなのでございます。最後に、私がまた一本杵で餅をつきますが、その後、みなさま方から四名様ほどご参加をお願いします。どーんと、餅をついてください」

「さあ、どうぞ、トップバッターですね。見目麗しく、しかもお美しい。なんともお美しい。やや年齢は高めでございますね。さあ、杵をお持ちになったら、行きましょう。よいしょ、よいしょ、よいしょ。はーい、ありがとうございました。では、次の方。どちらから、いらっしゃいましたか。ああ、そうですか。みなさま、どうぞご覧ください。これが日本のお餅つきでございます。足を踏ん張ってください。腰を落としてください。これこそがジャパニーズスタイルでございます。

まず、杵を頭上高く振り上げます。杵は天を示しております。一方、臼は大地。天の力を大地の上に落とします。天と地が合体して安泰になる。お餅つきは融合の作業です。はいっ、はいーっ、よいしょ、よいしょ」

須藤は立て板に水の話術で客の笑いを誘う。「天と地が合体」という話をする時はいやらしい含み笑いをして、宿泊客の想像をかきたてる。「みなさま、合体です。合体は喜びです。歓喜の瞬間です」などと言う。

だが、そうした微妙な気配が客の共感を呼ぶのである。朝から酒を飲む客が現れて、餅つき朝食は宴会の色が濃くなっていく。

「さあ、できあがりました。つきたての餅を私どもの調理部の女性がちぎります。つやつやした、いいお餅です。みなさんに順々に配ってまいります。まずは雑煮です。雑煮に二個入れます。雑煮にはごぼう、豆もやし、糸こんにゃく、椎茸、ナメコが入っています。続いて納豆もちが二個。納豆は大粒。ご飯には合いません。餅に合う大粒の納豆です。ねぎと醤油も忘れないでください。次に、大根おろしのからみ餅が二個。次は女性のお客様のためのもの。甘いお餅も用意してあります。あんこ餅、きなこ餅、ごま餅、ずんだ餅。ずんだとは枝豆をすりつぶしたもの。甘いです。みなさま、いくらでも召し上がってくださいね。お餅はたっぷりあります。日本の味、お餅です。つきたてです」

朝食には餅の他、煮物など三種類の小鉢、源泉で炊いた朝粥、さらに漬物がつく。ほとんどの人は雑煮、納豆もちなどを八個も食べれば満腹する。しかし、なかには底抜けの食欲を持つ人もいて、男性でいちばん多く食べた人は八〇個、女性は五五個。子どもでは小学校六年生の女の子が四一個も食べたという。概して女性の方が多く食べるというが、よく食べた人が選ぶのは甘い餅でなく、納豆もちだという。

広間の客たちは普通の朝食の時よりもにぎやかにしゃべっている。携帯のカメラで餅つきの様子を撮り、お膳の上の納豆もちを写し、お互いの顔を接写する。本式の餅つきだから、見ているだけでも充分に面白い。食事を作っているというよりも、客を喜ばせるためのショーである。ラスベガスにある巨大ホテルがシルク・ドゥ・ソレイユのショーをやったり、トニー・ベネットのライブをやるのとまったく同じことで、それが純然たる日本風なだけだ。

須藤は「要するに、日本古来の本式の餅つきを見たことがある人は少なくなったから、餅つきがウケているのでは」と考えている。

「お客様の三分の二以上は初めて餅つきを見た人です。私の父親が始めた頃は全員がちゃんとした餅つきを見ていたし、よく知っていました。杵を持たせたら、みなさんおどおどせずに杵をつかみ、すっと立って、どすんと打ちました。そして、慣れた人はついた後、すぐに杵を上げません。じーんと余韻を残して、それから杵を上げます。そういう人はたいてい農家の人で、餅つきのプロです。いまでもそういう人はたまにいますけれど、八〇歳は超えているんじゃないでしょうか」

湯気が上がっているのを見ると、人はほっとする

戦後から半世紀以上も続く、瀧波の餅つきだが、三か月間、杵の音や花笠音頭が聞こえなかった時期がある。

二〇一一年三月一一日。東日本大震災が起こった日から客の姿が消えたからだ。

「あの日は一日中、余震が続いて……。部屋にいたお客様には蔵座敷に移ってもらって、僕ら従業員は玄関で寝ました。そのまま数日間はお客様と一緒に寝泊まりしましたけれど、餅をついている場合じゃありませんし……。何より食材が入ってこなかった。ただ、三月初めは卒業式や謝恩会があるから、うちでは宴会がたくさん入っていたんです。それで食材のストックはあるにはあったのですが、数日したらぱたりと止まってしまって……。しかし、あの頃は私たちよりも、となりの福島ではもっと大変だったわけですから、愚痴をこぼすわけにはいきませんでした」

須藤と従業員はその年の夏の終わりにボランティアで餅つきをした。場所は福島市の、あづま総合運動公園で、第一原発周辺から避難してきた七〇〇人以上がそこの体育館で寝起きしていた。

福島の夏は暑い。半年近くも体育館で暮らしていた、お年寄りや子どもたちはぐったりしていた。須藤はもち米二俵、臼、杵を持参し、その場でもち米をふかし、「さあ、みなさま、これが日本のお餅つきでございます」と、日ごろと同じような話をした。「みなさん大変ですね」とか「御苦労されてますね」とは、あえて言わなかった。「さあ、天と地が合体します」とエロチックに、いつもと同じことをしゃべった。避難している人たちの様子を見ていると、胸が締め付けられたが、顔には出さず、涙も流さなかった。餅つきに来たのだから、へたな同情をしてはいけないと自分に言い聞かせた。

「子どもたちは無表情でした。よっぽどのストレスです。筋肉が硬直していたんです。私は子どもたちの筋肉や顔の表情をほぐしてあげたくて、『せいろでもち米を蒸してるよ』とそばに呼びました。ふわっと湯気が上がるでしょう。みんなに湯気を見てもらいました。湯気が上がっているのを見ると、人はほっとするからです。

私たちは自分がつくのではなく、子どもにもお年寄りにも、大勢の方についてもらいました。夕方の三時頃からだんどりして、夜までやりました。ずんだ、納豆、あんこ、全部持って行きました。七〇〇人分をついたんです。喜んでもらいました。筋肉がかたまっていたのが少しずつほぐれたんでしょうね。いつものように花笠音頭を流したら、『やっしょー、まかしょー』の合いの手のところで、お年寄りから拍手が巻き起こりました。立ち上がりはしませんでしたけれど、その場で身体を揺らして、手踊りをしていました。私たちも身体を揺らして、花笠音頭に乗って……。忘れられません、それは。だって、みんなで踊ったんだから」

温泉旅館にあるサービスは日本のサービスの典型と思われている。清潔な温泉、よく気のつく仲居さん、和風の食事、四季を彩る庭、畳の部屋……。ただし、ある程度の料金の旅館ならばどこでも甲乙つけがたいサービスと設備になっているから、なかなか差別化が難しい。一方、客はつねに新しい設備、新しいサービスに惹きつけられてしまう。新装開店の旅館だって、安閑としていられる時期は決して長くはないのだ。そこで、旅館経営者は一般的な設備とサービスを超えた、次の一手を探す。いつまでも強みを発揮し続けるOne and Onlyはないものだろうかとコンサルタントに相談をもちかける。だが、なかなか妙手はないのだ。

瀧波についていえば、設備、サービスともに平均よりも上だと思われる。風呂は悪くないし、夕食も地元の米沢牛が出てくるから、得した気分になる。しかし、それだけでわざわざ山形まで出かけていくかといえば、「はい」とは言いづらい。熱海でも湯河原でもいいし、栃木にも群馬にも首都圏から近いところにはいくらでも同じくらいの温泉旅館はある。

なぜ、出かけていったかといえば、そこに餅つきがあるからだ。決して、餅が大好物ではないけれど、餅つきを毎朝必ずやっている旅館は、しかも、社長自らが毎日ついているのは、日本でただ一軒しかないからだ。

「餅つきを見ているお客様は、みなさん、にこにこされます。私の話に笑う方もいます。餅つきはお客様を感嘆させたり、拍手をもらうような技ではありません。しかし、みなさん、笑顔になります」

須藤が言うように、餅つきとはアクロバットではないし、見惚れるような技術を感じさせるものではない。蒸したもち米から上がる湯気のなか、大の大人が汗を流して、杵を上げたり下ろしたりするだけの単純な技だ。プロの太鼓打ちが見せるような、躍動美があるわけではない。選ばれた人間だけがやることではない。いわば普通の人間がやる作業であり、そこに汗と笑いが加わったものだ。サービスとは究極の技術ではない。誰もができることだ。ただし、そこには汗がいる。汗がなければ人は感動しない。さらに、人を微笑ませる要素もいる。汗で感動を呼び、笑いで筋肉を弛緩させる。サービスとはもったいぶった理屈ではない。芸とか技術でもない。汗をかいて、客を微笑させる行為だ。

須藤はこう考えている。

「私は餅つきとは思い出ではないか、と思うのです。お年寄りにとっては昔やっていた、なつかしい思い出です。そして、若い人、子どもたちにとっては、瀧波で見た餅つきが思い出になるのです。私たちがやっているサービスとはつまり、思い出を持ち帰ってもらうこと。ですから、次に考えるサービスも何か思い出につながるものにしたいと思っているんです」（文中すべて敬称略）

「餅つき繁盛旅館」の主人・須藤清市に学ぶチェックリスト

- □プロは自ら「ついてついて、つきまくる」
- □プロは体力とバスガイド並みの話術を持つ
- □プロはシルク・ドゥ・ソレイユ並みのショーを演出できる
- □プロは汗をかいて、客を微笑ませる
- □プロはつねにOne and Onlyを考える

おわりに

一九九四年に『キャンティ物語』(幻冬舎)を出してから二〇年が過ぎた。プレジデント社から出した『高倉健インタヴューズ』、『成功はゴミ箱の中に』(監修)、『なぜ、人は「餃子の王将」の行列に並ぶのか?』をはじめ、これまでに書いた著作を合計すると、販売部数は一〇〇万部以上に達した。むろん、読者のみなさまが代金を支払ってくださったからのことです。ありがとうございます。そして、担当編集者、書店の方々、会ったことはないけれど取次店の方々、ネット通販に関わっている方々のおかげでもあります。これもほんとうにありがとうございます。そうそう、取材した後の音源を起こしてくださっている方々にも感謝しなければなりません。ありがとうございます。

出版パーティのスピーチではないけれど、この場を借りてみなさまにお礼を申し上げます。

さて、私の著作のなかで、どれが売れたかと言えば、デビュー作で映像化された『キャンティ物語』やミズノスポーツライター賞をいただいた『TOKYOオリンピック物語』（小学館）ではない。何と言っても、『サービスの達人たち』（新潮文庫）シリーズがいちばん売れている。新書も含め二〇年間で四冊の本を出しているけれど、いずれもいまだに版を重ねている。これまたありがたいことだ。

私はノンフィクションライターもしくは作家という肩書で紹介されているけれど、正しくは「サービス業専門ライター」ではないかと感じている。それくらい、これまでサービス業の達人たちに会ってきたし、いまも会いに行っている。東や西に「サービスの達人がいる」と聞けば、その瞬間、PCをシャットダウンし、玄関から外へ飛び出している。

飛び出していって取材するけれど、すぐには文字にしない。まずはいいサービスを自分で体験してからだ。そうして、淡路町の天ぷら店「天兵」で天丼（並）を食べ、品川の理髪店「バーバーショップ佐藤」では髪の毛を切った。本書にあるように、「スーパーオーケー」の用賀店では、のっけ弁当を買い、東武百貨店の「まい泉」ではカツサンドとロースかつの代金を支払った。そうしてプロフェッショナルサービスマンの真髄に触れ、感激してこの本を書いた。私は彼らのいる時代の日本に生まれて幸せだと思っている。

編集の担当は桂木栄一氏。プレジデント社から出した本はいずれも彼がああだ、こうだと指示してくれてできたものだ。日ごろ、私は感謝していないふりをしていますけれど、実のところは「えらい」と思っています。最後に、取材でお世話になった河野敬、飯田勧、野波繁幸、小林照男、山崎明希子、西尾寛司、西尾涼子、須藤清市のみなさん、ありがとうございました。

二〇一三年五月

野地　秩嘉

【著者紹介】
野地秩嘉 *Tsuneyoshi Noji*

1957年東京都生まれ。早稲田大学商学部卒業後、出版社勤務を経てノンフィクション作家に。人物ルポルタージュをはじめ、食や美術、海外文化などの分野で活躍中。著書に『キャンティ物語』『サービスの達人たち』『企画書は1行』『なぜ、人は「餃子の王将」の行列に並ぶのか?』ほか。『TOKYOオリンピック物語』でミズノスポーツライター賞優秀賞受賞。
近著『高倉健インタヴューズ』(小社刊)が5万部を超えるベストセラーとなる。

プロフェッショナルサービスマン
世界に通じる「汗と涙のホスピタリティ」

2013年5月20日　第1刷発行
2013年5月29日　第2刷発行

著　者　野地秩嘉
発行者　長坂嘉昭
発行所　株式会社プレジデント社
〒102－8641 東京都千代田区平河町2－16－1
平河町森タワー13階
http://president.jp
http://str.president.co.jp/str/
電話：編集(03) 3237－3732
販売(03) 3237－3731
装　丁　長健司
編　集　桂木栄一
販　売　高橋徹　川井田美景　桜井栄一　村上千夏
印刷・製本　凸版印刷株式会社

ISBN978-4-8334-2046-4
Printed in Japan